ing

Martin Darting

Sensorik

Für Praktiker und Genießer

16 Schwarzweißfotos und -zeichnungen

Ulmer

Martin Darting gelernter Winzer, ist seit 1991 im Seminar- und Ausbildungsbereich für (Wein-) Sensorik tätig. Das Arbeitsspektrum beinhaltet die Sommelierausbildung (IHK) in Deutschland und der Schweiz sowie internationale Schulungen und Weiterbildungen.

Titelfoto: Martin Darting

Die in diesem Buch enthaltenen Empfehlungen und Angaben sind vom Autor mit größter Sorgfalt zusammengestellt und geprüft worden. Eine Garantie für die Richtigkeit der Angaben kann aber nicht gegeben werden. Autor und Verlag übernehmen keinerlei Haftung für Schäden und Unfälle.

Bibliografische Information der Deutschen Nationalbibliothek
Die Deutsche Nationalbibliothek verzeichnet diese Publikation in der Deutschen Nationalbibliografie; detaillierte bibliografische Daten sind im Internet über http://dnb.d-nb.de abrufbar.

Wollgrasweg 41, 70599 Stuttgart (Hohenheim)
E-Mail: info@ulmer.de
Internet: www.ulmer.de
Lektorat: Werner Baumeister
Herstellung: Alisa Tatzel
Umschlagentwurf: Atelier Reichert, Stuttgart
Satz: Typomedia GmbH, Ostfildern
Druck und Bindung: Graphischer Großbetrieb Friedr. Pustet, Regensburg
Printed in Germany

ISBN 978-3-8001-5961-1

Inhaltsverzeichnis

Vorwort

Wein ist ein faszinierendes Getränk. Und es wird von Tag zu Tag dank der harten Kopf- Hand- und Herzarbeit seiner Erzeuger immer faszinierender. Weinbücher, die helfen Wein zu verstehen, selbst Spezialliteratur über Weinverkostungen oder wie wir heute gerne sagen über „Weinsensorik“ , füllen mittlerweile ganze Bücherschränke. Und dennoch blieb bislang dem fachkundig Interessierten immer ein kleiner, aber steter Rest an Fragen, Zweifeln und Unverständnis gegenüber dem Faszinosum „Wein“, was den ganz großen Einblick in die weite Welt der Weine mittels unserer eigenen mikroskopisch kleinen Welt der Sinne verwehrt hat.

In dieser Hinsicht bedeutet das vorliegende Buch nicht mehr und nicht weniger als eine stille Revolution. Der Autor ist als gefragter Sensorikexperte und als führender Dozent an der Deutschen Wein- und Sommelierschule Koblenz der internationalen Weinwelt seit Jahren kein Unbekannter. Als gelernter Winzer hat er Bodenhaftung. Er .weiß er um die Physiologie und Funktionsweise der menschlichen Sinne, als bekennender Generalist sucht er den Kausalzusammenhang zwischen dem, wie produziert wurde und dem, was im Mund des Verkosters passiert.

Mit seinem ersten Buch stellt er erstmals einer breiteren Öffentlichkeit diesen eigenständigen Ansatz seiner„ Sensoanalyse“ vor. Mit nahezu puritanischer Strenge geht er den beharrlichen Weg einer konsequent quantitativen Analyse sensorisch wirksamer Inhaltsstoffe. Auf diese Weise gelingt ihm ein für jeden Menschen nachvollziehbaren Zugang zum Produkt, ohne vorschnelle hedonische Vorteilsnahme, die unserem „Reptiliengehirn“ von Natur aus eigen ist. Eine nach menschlichem Ermessen weitgehend vorurteilsfreie Wahrnehmung aufgrund disziplinierten Einsatzes des Neocortex ist die Folge. Die Weinansprache gewinnt in nie da gewesener Form an sprachlicher Klarheit, Reinheit und Präzision. Wein und damit jeder Wein für den Menschen gerackert haben, wird in seinem ureigensten Sein und Wesen institutionell ernst genommen.

Die Idee ist so einfach wie genial, das wir uns wundern, wie lange es brauchte, bis diese klare wie würdige Methode der Weinbeschreibung theoretisch wie praktisch erkannt wurde. Das autarke Werk, der eigenwilligen Diktion aus Philosophie und Literatur verwandt, ist keine leichte Kost. Wer sich darauf einlässt, wird vom Autor buchstäblich mit Erkenntnis belohnt. Der jahrhundertealte Schleier des Nebulösen, Mythischen und Geheimnisvollen im Wein wird vor den Sinnen des Lesers weggerissen. Der moderne Weinliebhaber reibt sich Augen, Mund und Nase und erhält einen freien, frischen und ungetrübten „Blick“ auf sein viel bewundertes und viel verehrtes Dialogwerk von Mensch und Natur.

Im Frühjahr 2009
Johannes Steinmetz
Koordinator Weiterbildung
Deutsche Wein- und Sommelierschule
Koblenz

Einleitung

Das Erkennen eines Weines, einer Speise oder auch eines Parfums bedeutet, die sensorisch wirksamen Einzelkomponenten des Produktes mit den Sinnen zu selektieren, fraktionieren, identifizieren (sie in ihrem Charakter zu erkennen), sie zu quantifizieren, um sie letztlich wieder zu einem Ganzen zusammenzusetzen.

Dieses Buch befasst sich intensiv mit Wein, mit Wein und Speisen und generell auch mit Duft und Geschmack. Da die Inhaltsstoffe von Wein und Speisen in ihrer Art und Weise, wie sie sich in Nase und Mund darstellen sehr vielfältig sind, versucht man, sie in schmeckbare, riechbare und fühlbare einzuteilen. Viele dieser Inhaltsstoffe verfügen jedoch über mehrere Wirkungsweisen. So gibt es Stoffe, die nur riechbar sind, andere sind nur schmeckbar, wieder andere nur fühlbar. Viele besitzen sogar mehrere Eigenschaften, die sich in Nase und Mund darstellen. Hinzu kommt, dass alle Stoffe beim Verzehr einer Speise oder eines Weines sich meist gleichzeitig in Mund und Nase zu erkennen geben.

Diese „komplexe" Darstellung der einzelnen Inhaltsstoffe in ihrer Kombination machen letztlich den Geschmack einer Speise oder eines Weines aus. Anders ausgedrückt: Es geht darum zu wissen, warum eine Speise oder ein Getränk wie schmeckt und – wie man dies anderen schlüssig mitteilen kann.

Dies hört sich zunächst recht einfach an, birgt aber ungeahnte Herausforderungen und erfordert striktes Umdenken von unserer gewohnten Beurteilungspraxis von Weinen, Speisen, Getränken und Düften.

1 Was ist Geschmack?

Die meisten Menschen dieser Erde können mit ihrer Nase und ihrem Mund schmecken, riechen und fühlen. Die Wahrnehmungen aus den Informationen dieser drei Sinne werden lapidar oft als „Geschmack“ zusammengefasst. Der Geschmack ist also eine geniale Kombination aus unglaublich vielen Sinneseindrücken.

Über Geschmack lässt sich bekanntlich trefflich streiten, weil er angeblich etwas Individuelles darstellt. „Geschmack ist etwas ganz Persönliches“ so die Meinung vieler Befragter auf die Frage, was denn Geschmack sei.

Die Wahrnehmung des „Geschmackes“ ist für den Menschen scheinbar einfach zu erfassen. Man redet über Geschmack wie über das Wetter. Er ist eben bei allem was wir in den Mund stecken dabei und begleitet uns ganz selbstverständlich in allen unseren Lebenslagen. Er ist so selbstverständlich, dass wir ihn nicht mehr bewusst wahrnehmen.

Aus der Unterhaltungselektronik, oder aus der Computerwelt ist bekannt: je einfacher z. B. eine Musikanlage zu bedienen ist oder ein PC Programm abläuft, desto komplexer und ausgefeilter ist das Know How, welches dahinter steckt. Kein Anwender muss wirklich wissen, wie ein Programm geschrieben ist, um es anwenden zu können. Der Anwender muss kein Elektriker sein, um eine Waschmaschine zu bedienen. So verhält es sich auch mit dem „Geschmack“, er funktioniert halt einfach.

Und weil das so ist und es uns beim Weine beurteilen und empfehlen oder einfach nur mit Genuß trinken nicht wirklich weiterhilft, müssen wir zuerst ein Bewusstsein dafür schaffen, welche unglaublichen Sinnesleistungen hinter der Wahrnehmung des „Geschmacks“ stecken. Die Bewusstseinsschaffung ist gleichzeitig auch der erste Schritt, diese Sinne näher kennen zu lernen, mit ihnen bewusster zu leben und differenzierter mit ihnen umzugehen.

> Um die unglaubliche Datenmenge anschaulich zu machen, die uns einen Duft wahrnehmen lässt, stellen Sie sich einfach einen Jumbojet vor, der mit 1000 km/h über ein Fußballfeld rast. Wäre eine Tragfläche ein Scanner und es würde jedes einzelne Grashälmchen gescannt werden, so entspräche das der Informationsdichte, die uns von ungefähr 35 Mio. Rezeptoren in der Nase pro Riechvorgang übermittelt wird. Eine unglaubliche Vorstellung und wir reden einfach nur von einem „Apfelduft“ oder anderen Gerüchen.

Erst wenn die Sinnesleistungen differenziert werden, können die Gründe ihrer Aktivität erfasst werden, um anschließend alles wieder zusammenfließen zu lassen damit man versteht, warum sie aktiv geworden sind. Erst wenn dieser Prozess verstanden wurde, können z. B. nachvollziehbare Aussagen über riech- schmeck- und fühlbare Inhaltsstoffe getroffen werden.

Wie und durch welche Stoffe entsteht Wahrnehmung und wie lässt sich das Wahrgenommene weitergeben, damit es ein Kunde oder Zuhörer versteht? Warum schmeckt der Wein so wie ich ihn gerade empfinde? Warum „schmecken“ andere Menschen häufig die gleichen Speisen anders? Welche Produktionsmaßnahmen haben welchen Einfluss auf den Geschmack usw.

1.1 Über Geschmack reden

Eine noch größere Herausforderung beim Unterfangen, die Sinneseindrücke differenziert wahrzunehmen, um sich ihrer bewusst zu werden, ist es, sie mitzuteilen. Die richtigen Worte zu finden, die einem Wein gerecht werden und die man versteht.

Unmittelbar nach dem bewusst werden eines „Geschmackes" werden die erfahrenen Sinneseindrücke sofort sehr schnell beurteilt und meist mit Bewertungen, wie „gut, schlecht, lecker ..." beschrieben.

Durch diese vorschnelle Beurteilung gehen eine Vielzahl an Einzelinformationen verloren und nur ein Bruchteil der gelieferten Informationen wird wirklich erkannt und genutzt.

Jeder Mensch meint in diesem Moment, dass alleine seine „Wahrnehmung" auch „wahr" ist und dass alle anderen dies auch verstehen müssten.

2 Warum wird die Sinneswahrnehmung Geschmack so wenig beachtet?

Die chemischen Nahsinne, wie Riechen, und Schmecken auch genannt werden, wurden in der Entwicklung des Menschen durch überlebenswichtigere und schneller zu verarbeitende Information des visuellen Systems überdeckt. Unsere Nahsinne werden in nur sehr geringem Maße dazu gebraucht, eine genießbare Speise von einer weniger genießbaren Speise zu unterscheiden. Unsere Augen liefern schon im Vorfeld Informationen, um über ein Produkt urteilen zu können. Unser Gehirn bedarf keiner oder nur weniger Informationen über unsere Nahsinne, weil das Auge vorab schon die wichtigsten Kriterien eines Produktes erkannt hat, wenn auch nur oberflächlich. Erst wenn das Auge „ausgeschaltet" wird, nimmt die Wichtigkeit der Nahsinninformationen wieder erheblich zu.

Die Herausforderung liegt in der verbalen Dokumentation der sinnlichen Eindrücke und nicht in der gewohnten vorschnellen, subjektiven und ganzheitlichen Einteilung. Nur wenn wir selektive Wahrnehmungsdokumentation betreiben, werden wir eine reproduktive Aussage über ein Produkt kommunizieren können.

Bis man dann über nachvollziehbare Aussagen über Qualitäten, Typizitäten (was wir alle schnell und gerne tun!!) etc. sprechen kann, muss sich jeder Weinfachmann/frau oder müssen sich Sensorikfachleute zuerst der eigenen Beurteilungsmuster sensorischer Wahrnehmung bewusst werden, sich kritisch hinterfragen lassen und bereit sein, das eigene Genussverhalten vollkommen hintan zu stellen.

3 Wahrnehmungs- und Dokumentationssysteme, oder warum es so schwer ist, objektiviert über Geschmack zu sprechen

Theoretischer Hintergrund

Eine Herausforderung in der Beschreibung von Geschmack besteht darin, dass Geschmack immer holistisch wahrgenommen wird. Riech- und schmeckbare Eigenschaften unserer Speisen und Getränke, die wir zu uns nehmen, erleben wir ganzheitlich. Alle Aromen und schmeckbaren Stoffe erreichen unsere Sinne parallel und nur das gesamte Zusammenspiel aller sensoaktiven Stoffe macht letztlich den „Geschmack" eines Getränkes oder einer Speise aus. Unsere Sprache hingegen kann diesen ganzheitlichen Eindruck nur linear, also nacheinander als Sensationen (Erlebnisse) beschreiben. Das Aroma eines Weines z. B. wird nacheinander aufgezählt, ebenso die Wirkung der Säure, der Süße und alle anderen Inhaltsstoffe, die erkannt werden.

Die Kommunikation über das „sensorische Weinbild" (Darting 2008) bietet zwar eine wesentlich bessere Methode, den holistischen Eindruck einer Speise oder eines Getränkes zu kommunizieren, doch stellt unsere Sprache das am meisten gebrauchte Medium zur Kommunikation dar.

Wenn man von „besser" spricht meint man den höheren Wiedererkennungswert und den einfacheren Zugang beim Zuhörer, der mit der Produktbeschreibung bzw. Dokumentation der inhaltsstofflichen Wirkungen vertraut wird. In den folgenden Texten wird also immer die Diskrepanz zwischen holistischer Wahrnehmung und linearer Beschreibung bestehen.

Die gleiche Problematik besteht z. B. auch bei der Beschreibung von Bildern, Landschaften etc., die keiner zeitlich-dynamischen Komponente unterliegt, also statische Eigenschaften besitzt.

Ganz anders ist das Hören von Musik, die zwingend eine dynamische Folge braucht. Würde ein Musikstück holistisch an unsere Ohren gelangen, wäre es ein einziges undifferenziertes Tongemisch unzähliger Töne zum gleichen Zeitpunkt. Erst die zeitliche Abfolge lässt die Töne zu Musik werden.

Mit dem Wissen, dass unsere Wahrnehmungssysteme anscheinend unterschiedlich funktionieren, wird auch Sprache unterschiedlich erfolgreich sein, um diese sinnlichen Eindrücke zu beschreiben bzw. zu dokumentieren.

3.1 Ist-Situation der Wein und Produktbeschreibung

Jeder kann beurteilen, ob einem selbst ein Wein schmeckt oder nicht, dazu bedarf es keiner besonderen Kenntnisse über Wein. Möchten Sie aber mehr über einen Wein sagen können, als nur dass er Ihnen schmeckt oder Sie möchten eine klare Aussage über die Weinqualität treffen, über seine Herkunft, den Vinifikationstyp oder zu welchem Essen er gereicht werden soll, dann werden Sie nach nachvollziehbaren Argumenten suchen.

Anwendung von Sprache als Kommunikationsmittel

Wie oft haben Menschen eine unterschiedliche Meinung über ein und denselben Wein?

„Er ist zu dünn", „hat keine Harmonie", „wirkt parfümiert", der andere sagt: „der ist doch klasse, passt hervorragend in den Sommer", „ist schön fruchtig und lange im Abgang"... Aussagen über ein und dasselbe Produkt, die unterschiedlicher nicht sein könnten. Was bedeutet aber „schön fruchtig" oder „lange im Abgang"? Wie hat man solche Beschreibungen oder Aussagen zu verstehen?

Beschreibungen sollen verstanden werden

Doch die Wiedererkennung einer Aussage oder das „Identifikationspotential" einer Aussage hängt wesentlich von der Wortwahl und der Wortkombination ab. Daraus ergeben sich folgende Überlegungen und Fragen:

- Welche Attribute sind mit welchen Assoziationen zu Düften oder Geschmäckern verbunden?
- Gibt es überhaupt Attribute, die gleich verstanden werden?
- Wenn ja, von welchen Kriterien hängen diese ab?

Sprache entwickelt sich in verschiedenen Alters- und Sozialisationsgruppen unterschiedlich. Worte mit unterschiedlichen Bedeutungen werden unterschiedlich angewendet. Um Wein und Produktbeschreibungen zielgruppenorientiert zu erstellen, müssen Worte genau nach ihrem Verständnis hin untersucht werden, denn die Frage stellt sich auf jeden Fall:

„Was möchte ich mit einer Beschreibung bezwecken?"

Oft hat man bei Produktbeschreibungen oder Weinbeschreibungen den Eindruck, dass man sich gerade darüber keine Gedanken macht. Vorausgesetzt das Ziel heißt Objektivität, Reproduktion und Wiedererkennung, sucht man nach objektiven Beschreibungsformen, sucht Parameter, die Weine und Produkte untereinander vergleichbar werden lassen, mit denen man erklären kann, wie ein Wein zusammengesetzt ist. Wie kann das gehen?

4 Die Trennung von Dokumentation und Beurteilung

4.1 Empfindung und Wahrnehmung

Eine Voraussetzung um reproduktive Vergleiche bei Wein oder Nahrungsmitteln anstellen zu können, ist das Wissen, dass die Reizaufnahme zum Riechen, Schmecken und Fühlen bei allen Menschen dieser Erde fast gleich ist, jedoch nicht die Beurteilung solcher Reize.

Auf die Frage, ob Menschen unterschiedlich Schmecken und Riechen, antworten viele Befragte mit „natürlich“. Bei genauerem Nachfragen wird deutlich, dass mit Riechen und Schmecken sofort die Vorlieben gemeint sind oder zumindest die Beurteilungen eines sensorischen Wertes und nicht der physiologische Vorgang.

Die Rezeptoren in Nase und Mund funktionieren jedoch bei allen Menschen dieser Erde gleich!

Wäre dies nicht so, dann bräuchte sich niemand Gedanken darüber zu machen, wie eine Tütensuppe, ein bestimmtes Gericht oder eben ein Wein zu schmecken hat, da es keine vergleichbaren Empfindungen gäbe. Da die Reizaufnahme aber bei allen Menschen zumindest sehr ähnlich funktioniert, lassen sich Nahrungsmittel und Genussmittel so gestalten, dass z. B. ein Getränk immer gleich schmeckt. Ebenso Fertiggerichte oder eben auch Wein. Bestimmte Inhaltsstoffgruppen verursachen also anscheinend gleiche Empfindungen. Diese gleichen Empfindungen bei unterschiedlichen Menschen sind der Schlüssel zu objektivierten Produktbeschreibungen.

Die Vorstellung dabei ist, dass die gleiche Empfindung der Wert ist, der nicht bewusst (das wäre Wahrnehmung) sondern unbewusst, jedoch realistisch vorhanden ist. Ein Reiz, ausgelöst von einem spezifischen Inhaltsstoff verursacht bis kurz vor der Wahrnehmung gleiche Empfindungen bei unterschiedlichen Menschen. Wird die daraus erfolgende Wahrnehmung (z. B. riecht nach Erdbeere, schmeckt süß ...) dokumentarisch festgehalten, lassen sich daraus quantitative beschreibende Analysen erstellen.

Ein identischer Reiz verursacht dieselbe Empfindung. Bei deutlichen Konzentrationen eines schmeckbaren oder riechbaren Stoffes oft auch eindeutige und somit vergleichbare Wahrnehmungen. Ob eine Wahrnehmung entsprechend des Stoffes ist, lässt sich einfach überprüfen.

4.2 Kalibration

Mit verschiedenen Kalibrationsmethoden lässt sich das eigene „Geschmacksempfinden“ einordnen. Es geht nicht um wahr oder falsch, denn subjektive Wahrnehmung ist für den einzelnen immer wahr (siehe oben) sondern darum, ob meine Aussage für andere nachvollziehbar ist oder nicht.

Mit der Aussage, dass eine Erdbeere nach Erdbeere riecht wird es bei der Akzeptanzfrage keine Schwierigkeiten geben. Bei der Benennung, ob ein Wein mehr von Glukose oder Fruktose geprägt ist, braucht der verbale Wiedererkennungswert unbedingt eine Erklärung und zur Orientierung eine Kalibration oder Definition.

Kalibrieren bedeutet in der Sensorik, das Schmecken lernen nach messbaren Vorga-

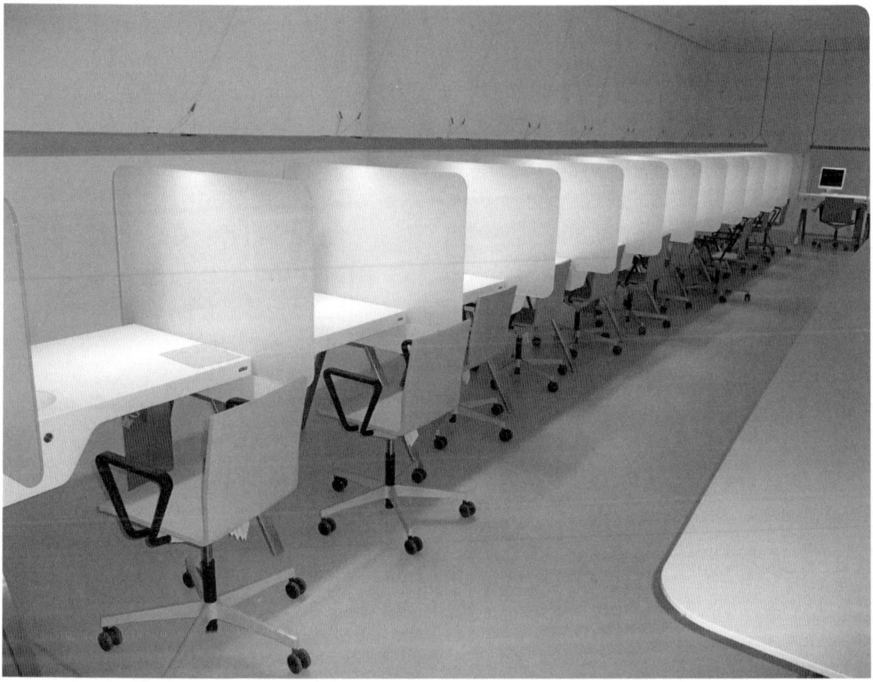

Abb. 1. Professioneller Sensorikraum in der LVWO Weinsberg. Eine kontrollierte Umgebung macht eine objektive Weinbeurteilung erst möglich.

ben, z. B. das Schmecken verschiedener Säuren in verschiedenen Konzentrationen, das Erkennen von aufsteigenden Konzentrationen etc. Wichtig hierbei ist immer, dass die Wahrnehmung dokumentiert und immer wieder überprüft und wenn nötig auch korrigiert wird. Übung und regelmäßiges Training verleihen Sicherheit bei der Benennung von spezifischen Inhaltsstoffen und deren Konzentrationen (siehe auch „Tipps zur Erkennung von Weininhaltsstoffen“ Seite 40).

4.3 Objektivität/Relativität

Um sensorische Aussagen überprüfen zu können und die eigene Wahrnehmung zu üben, kann man außerdem chemisch/physikalische inhaltsstoffliche Analysen zur Wahrnehmungsprüfung heranziehen. Solche Ergebnisse lassen sich ohne Zweifel genau miteinander vergleichen. Schnell kommt man aber zu dem Schluss, dass Weine mit ähnlichen Analysewerten sich in der sensorischen Empfindung und Wahrnehmung verschiedener Menschen unterschiedlich darstellen.

Ein Grund dafür liegt sicher in der großen Fülle unterschiedlicher schmeck- und riechbarerer Stoffe und deren polymerer Erscheinungsart in Weinen und anderen Produkten. Weine und essbare Produkte sind keine „fertigen“ oder „statischen“ Produkte mit stabiler Inhaltsstofflichkeit, sondern sie sind durch ihre Dynamik gekennzeichnet, verändern also stetig ihr Erscheinungsbild. Diese Dynamik zu verbalisieren scheint kaum greifbar zu sein und macht das Unterfangen, ein Produkt zu beschreiben, fast unmöglich. Andererseits sind dynamische Produkte „lebendig“ und zeigen ständig neue Erscheinungen in ihrer Aromaaktivität oder Veränderbarkeit der schmeckbaren und fühlbaren Inhaltsstoffe.

Dem Lebensmittelsensoriker oder dem Weinkenner gelingt also nur eine Momentaufnahme eines Produktes, weil es sich unter anderen Bedingungen wie z. B. Temperatur, Oberflächenvergrößerung oder Oxidation unterschiedlich darstellen kann und verändert.

Eine objektive chemische Analyse stellt trotzdem eine Orientierung dar, welche die subjektiven sensorischen Wahrnehmungen und Empfindungen bei der Weinbeurteilung relativieren, kalibrieren und nachvollziehbarer werden lassen. Mit einer chemischen Analyse lässt sich differenzierte Wahrnehmung der Geschmackskomponenten trainieren, da man sich an diesem objektiven Wert orientieren kann. So lassen sich Wahrnehmungen quantitativen Verhältnismäßigkeiten gegenüberstellen und mit denen vergleichbar machen (Relativieren).

Eine solche Relativierung könnte sich so anhören:

„Dieser Wein hat zwar objektiv (chemische Analyse) viel Säure, die aber weniger sauer schmeckt als ein anderer Wein, der laut chemischer Analyse weniger Säure beinhaltet, jedoch viel säuerlicher schmeckt“.

Der „unabhängige“ Sensoriker wird zuerst immer unbeeinflusst von jeglicher Analyse testen und probieren und versuchen zu quantifizieren, bevor er sich von einem chemischen Analysewert beeinflussen bzw. korrigieren lässt.

4.4 Unterschiedliche Gewichtung bei der Geschmacksbildung von Aroma und schmeckbaren Produktinhaltsstoffen

Um nochmals deutlich zu machen wie wichtig die Unterscheidung zwischen Riechen und Schmecken ist, machen Sie einen kleinen Test:

> Geben Sie etwas Zimt zu 2 EL Zucker. Gut durchmischen. Bevor Sie aus dieser Mischung etwa die Menge einer Messerspitze in den Mund geben, halten Sie sich mit einer Hand die Nase zu. Jetzt kommen Zucker und Zimt in den Mund. Zuerst schmecken Sie nur süß. Nachdem Sie die Nase öffnen, kommt das Zimtaroma hinzu. Verschließen Sie die Nase wieder, ist das Zimtaroma erneut verschwunden.

Zimt und alle anderen Aromen lassen sich ausschließlich riechen und nicht schmecken!

Der weitaus größere Teil definierbarer Wiedererkennung von Geschmack wird also von Aromen ausgelöst. Auf der Zunge lassen sich keine flüchtigen Stoffe aufnehmen.

5 Der Geschmack

Die Geschmacksgrafik unten veranschaulicht die verschiedensten Zusammenhänge von rezeptoraler Reizverarbeitung und deren Abhängigkeiten zur Geschmacksbildung.

Die dokumentative Sensorik beschränkt sich auf Riechen, Schmecken und Fühlen (Sensoanalyse). Rezeptorreizung, Empfindung und Funktionalität der Reizaufnahme stellen einen objektivierten Wert dar. Einzige Unterschiede zwischen den Menschen sind die Schwellenwerte, Adaptionen und Habituationen.

Der daraus abgeleitete Geschmack wird von vielen Faktoren beeinflusst. Vermischt man beide Ebenen miteinander, wird es schwierig, Wiedererkennungseffekte zu erarbeiten. Beschränkt man sich auf die primären Effekte des Riechens, Schmeckens und Fühlens, charakterisiert und benutzt man die systematische sensoanalytische Wortauswahl, so wird man einen hohen Wiedererkennungseffekt beim Zuhörer erlangen. Und genau das ist unser Ziel.

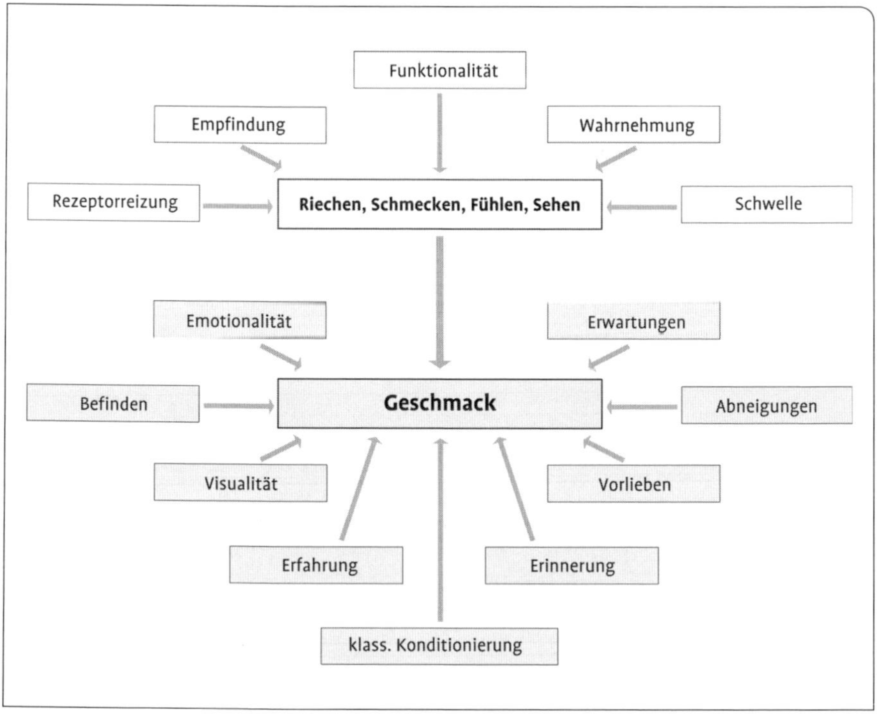

Abb. 2. Der Geschmack.

Unter Adaptionen und Habituationen versteht man die Kurz-, bzw. Langzeitgewöhnung an einen bestimmten Reiz. Man kennt dies von alltäglichen Situationen:
Stellen Sie sich vor Sie betreten einen Raum, in dem viele Leute sitzen, die Heizung auf Hochtouren läuft, die Fenster geschlossen sind und die Luft zum Schneiden ist. Normalerweise würde man die Fenster öffnen, um frische Luft in den Raum zu lassen. Da man aber nicht stören möchte, setzt man sich dazu und nach 2–3 Minuten ist die Wahrnehmung der stickigen Luft verschwunden. Man hat sich **kurzfristig** an den „Geruch“ gewöhnt.
Eine andere bekannte Alltagssituation ist folgende: Sie gehen in der Fußgängerzone z. B. einer Dame hinterher. Die Person riecht stark nach Parfüm. Darauf angesprochen, bekommt man zu hören, dass bei der Morgentoilette lediglich soviel Parfüm aufgetragen wurde, bis der Duft selbst wahrgenommen wurde. Da sich die Rezeptoren an den Vorgang jeden Tag gewöhnen, wird die Geruchsschwelle der betreffenden Person stetig nach oben verlagert, die der Mitmenschen bleibt aber auf niedrigem Niveau und das Parfüm wird entsprechend stärker wahrgenommen. Hier handelt es sich um eine **Langzeitgewöhnung**.

6 Die Sensoanalytik

Hier geht es um Riechen, Schmecken und Fühlen. Alles Sinne, die der Mensch glaubt gut zu kennen. Die Sensoanalytik ist aber komplizierter.

6.1 Erste Schritte der praktischen Sensoanalytik

Zu unterscheiden sind:

1. Riechen (Aromatik)
Unter „Aromatik“ sind alle die Stoffe zusammengefasst, die ausschließlich von der Nase als flüchtige Stoffe aufgenommen werden. Rein rechnerisch machen diese Stoffe 90-95 % der Wiedererkennung eines Weines aus. Lediglich die Rezeptoren in der Nase sind befähigt durch das „Erkennen“ von Aromen einen Reiz auszulösen, der dann zur Wahrnehmung werden kann.

2. Schmecken
Schmecken kann man im Mund süß, sauer, salzig und bitter. Säuren, Zucker, Mineralstoffe und Bitterstoffe im Wein lassen sich auf der Zunge erkennen. Eine weitere Geschmacksqualität ist „Umami“ (Glutaminsäurerezeptor). Auch einem Fettrezeptor ist man auf der Spur.

3. Fühlen (Haptik)
Das Mundgefühl wird besonders durch Alkohole, Mineralstoffe, Säuren und Phenole geprägt. Wie sich ein Wein „anfühlt“ oder wie lange er im Mund verbleibt, fließt später auch deutlich in die Produktbeurteilung mit ein.

Alle drei Wahrnehmungen sind eng miteinander verknüpft. Weil die meisten Inhaltsstoffe nicht nur auf einen Rezeptor wirken, stellt die selektive Wahrnehmung die Basis der Wiedererkennung. Das bedeutet, dass jeder einzelne Stoff auf seine spezifischen Wirkungsvarianten hin untersucht werden muss.

> **Äpfelsäure** beispielsweise schmeckt sauer, sie wirkt aber gleichzeitig auf die Schleimhaut im vorderen Mundbereich irritierend. Die **Weinsäure** verleiht dem Mund zusätzlich einen ausfüllenden Effekt im hinteren Mundbereich. Beide Säuren „verbinden“ sich mit Mineralien und puffern sich sensorisch. Es bilden sich neue schmeck- und fühlbare Stoffe, die auch andere Wahrnehmungen auslösen.

Unterschiedliche Säuren tun dies unterschiedlich stark mit jeweils unterschiedlichen Mineralien. Alleine diese Reaktionen ergeben einen ungeahnten Pool an Sensationen des Mineralitäts-Säure-Komplexes im Wein.

Zur weiteren Unterscheidung kommen dann Wirkungsweisen von Phenolen (Gerbstoffen), Mineralstoffen usw.

Kennt man die einzelnen Komponenten selektiv, lässt sich auch ihre eigene Dynamik d. h. das zeitliche und stoffliche Zusammenspiel erkennen.

Die Sensoanalyse stellt das Verfahren dar, wie die Informationen der chemischen Nahsinne, wie oben beschrieben, auf der Empfindungsebene dokumentiert werden können. Im folgenden Schaubild werden zuerst die Einsatzmöglichkeiten gezeigt und dann kurz erklärt.

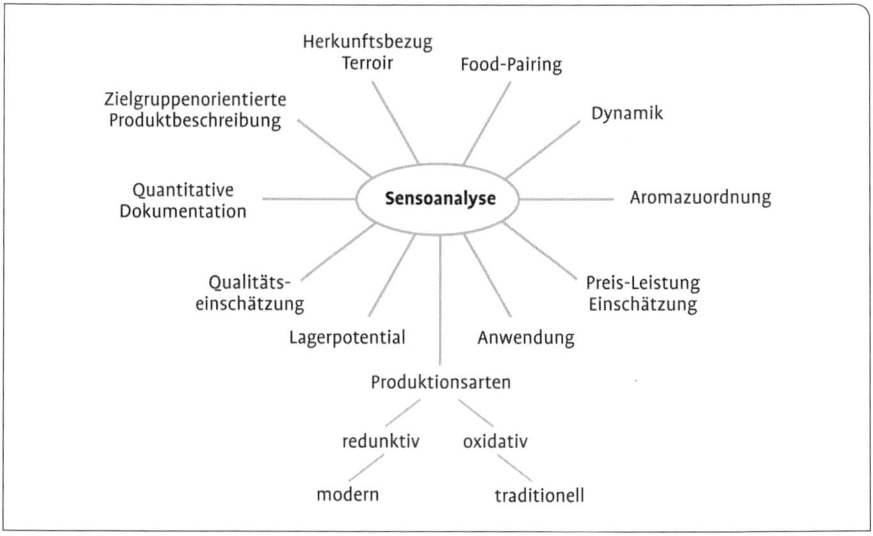

Abb.3. Sensoanalyse.

6.1.1 Quantitative deskriptive Analyse (QDA)

Um Wein oder andere Produkte fachlich, möglichst objektiv und rational beurteilen zu können, darf dies keine Frage des eigenen Geschmacks im Sinne der eigenen Vorlieben sein. Um Wein „verstehen zu können" muss man ihn durch seine spezifischen Inhaltsstoffe erkennen und ihn möglichst auf der Empfindungsebene erfahren.

D. h.: Wie viel ist von verschieden Stoffen in einem Wein vorhanden und wie kann ich diese voneinander unterscheiden?

Alle Wahrnehmungen, die man in Nase und Mund durch einen Wein erfahren kann, stehen in engem Zusammenhang zueinander. Dieses komplexe Zusammenspiel vieler Einzelkomponenten, welches uns ungeahnte Genüsse zuteil werden lassen kann, muss aber zuerst quantitativ differenziert werden, um letztlich erklärbar zu werden.

Mit systematischer sensoanalytischer Vorgehensweise lässt sich die „Komplexität" eines Weines in einzelne Inhaltsstoffgruppen zerlegen. Mit etwas Übung und Konsequenz in der systematischen Durchführung lassen sich die inhaltsstofflichen Gruppen dokumentieren, erkennen und zuerst einmal zuordnen.

Über die Art und Weise, wie sich diese Einzelkomponenten in Mund und Nase darstellen, lassen sich dann Aussagen zu Herkunft, Boden, Verarbeitungsstilen, Sortenmerkmalen, Hektarerträgen, etc. eines Weines treffen. Das Erlernen der quantitativen Dokumentation, also das Benennen von Verhältnismäßigkeiten der einzelnen Inhaltsstoffkomponenten zueinander, stellt die Basis, um empirische (erfahrungsgemäße) und somit objektivierte Aussagen über einen Wein treffen zu können.

Ob eine getroffene Aussage wahr oder unwahr ist, lässt sich durch entsprechende Evaluierungsmethoden und deren Kontrolle sowie die Kontrolle der getroffenen Aussage untersuchen.

Je nach Erfahrungsschatz der jeweiligen Anwender/Innen wird die Aussage zu einem Wein variieren. Je mehr kontrollierte Erfahrungen einfließen, desto genauer wird die Aussage zutreffen und desto besser wird sie verstanden werden, also reproduzierbar sein.

Die Sensoanalyse befähigt uns bei konsequenter Anwendung unterschiedliche Aussagen zu einem Wein zu treffen.

Wie läuft die Sensoanalyse nun in der Praxis ab und aus welchen Komponenten besteht Sie?
In der Praxis werden z. B. verschieden Lösungen von Säuren, Zuckerstoffen oder auch Aromen benutzt, um sich den Geschmack der einzelnen Stoffe und dann auch deren Kombination selektiv merken zu können. Der süß-saure Geschmack aus Fruktose und Weinsäure z. B. schmeckt vollkommen anders als der von Äpfelsäure und Glukose. Es wird hier nicht nur auf das Schmecken geachtet, sondern auch auf das unterschiedliche Mundgefühl und den unterschiedlich langen Nachgeschmack. Vor allem auf die Irritationen und unwillkürlichen Schleimhautreaktionen, die man sich normalerweise nicht bewusst macht. Diese sonst wenig beachteten Reaktionen sind es aber, die uns oft einen Stoff eindeutig zuordnen lassen.
Danach werden Weine probiert, und lediglich auf diese selektiven Attribute hin untersucht. Da Wein aus vielen Inhaltsstoffen besteht, die sich gegenseitig beeinflussen, wird es immer auch kleine Abweichungen von der Standardprobe geben.
Ein 2. und 3. Schritt wäre es dann, die beeinflussenden Faktoren zu untersuchen etc. Wichtig ist aber hierbei Schritt für Schritt vorzugehen, damit z. B. die Mitglieder eines Paneels lernen, diese Wahrnehmungen selektiv zu erkennen und zu dokumentieren. So lassen sich nach vielen Übungen auch Aussagen treffen, die Hinweise zum Produkt geben, wie es entstanden ist oder wie das Produkt beschrieben werden kann.

Aufgrund dieser Vorgehensweisen, lassen sich folgende Themen sensoanalytisch bearbeiten:

6.1.2 Zielgruppenorientierte Produktbeschreibung

Aus vielen Verbrauchertests weiß man, wem warum etwas schmeckt. Dieser ganzheitliche Wert gibt auf Grund der Analysewerte der verkosteten Produkte Information darüber, welche Inhaltsstoffe eines Getränkes oder einer Speise zusammenkommen müssen, damit es den ausgesuchten Zielgruppen „schmeckt“. Obwohl dieselben Inhaltsstoffe beschrieben werden, lassen sich mit unterschiedlichen Attributen und Sprachstilen bei einer speziellen Zielgruppe höhere Wiedererkennungs- und Akzeptanzeffekte erzielen (s. Möglichkeiten der Weinbeschreibung Kap. 10).

6.1.3 Herkunft und Terroir (s. auch Kap. 8.3.1)

Ob und wie sich ein Boden oder die Herkunft eines Weines „schmecken“ lässt, darüber streiten sich viele Gelehrte. Jedenfalls lassen sich aus vielen assoziativen Erfahrungswerten, die anschließend überprüft wurden, aufgrund der „mineralischen Noten“ Aussagen im 20 %-Bereich über den Boden und die Herkunft eines Weines wagen.

Alleine die unterschiedlichen haptischen Werte der verschiedenen Extraktkomponenten und deren Konzentrationen im Wein lassen sich dokumentativ darstellen und anschließend einteilen, beschreiben und bewerten.

6.1.4 Food Pairing

Welcher Wein zu welchem Essen? Diese Methode gibt Auskunft darüber, wie einfach sich Speisen mit Weinen kombinieren lassen. Gefragt wird nicht was passt, sondern was passiert (sensoanalytisch) in Nase und Mund, wenn Speisen mit Wein zusammenkommen?

Ob es schmeckt oder nicht, lässt sich zielgruppengenau auf Grund der Sensoanalyse daraus ableiten. Dieses Thema wird ausführlich ab Seite 71 behandelt.

6.1.5 Dynamik

Wann passiert wo, was und wie intensiv in Nase und Mund? Die zeitliche Abfolge der Empfindungen und Wahrnehmungen ist wichtig, weil sich die Sprache, mit welcher der Wein beschrieben wird, auch daran orientiert. Deutlich wird dies beim gemeinsamen Probieren. Redet ein Verkoster noch über den Duft, spricht ein anderer schon über den Nachhall eines Weines ..., die beiden können sich nicht verstehen. Achten Sie auf die zeitliche Komponente beim Degustieren, werden Sie sich deutlich besser verstehen, weil sie über die gleichen Sensationen in Nase und Mund reden.

6.1.6 Aromazuordnung

Nach was riecht dieser Wein? Eine oft gestellte Frage. Mit dem Aromarad oder anderen daraus abgeleiteten grafisch aufgearbeiteten Orientierungshilfen lassen sich Aromaassoziationen üben und dem Duftbild eines Weines zuordnen. Da über 90 % des „Geschmackes" Aroma ist, muss der genauen Aromadokumentation besonders viel Aufmerksamkeit und Zeit gewidmet werden. Aus dem Erscheinungsbild eines komplexen Duftes lassen sich mit Übung Einzelkomponenten herausfinden und davon Ableitungen erarbeiten.

6.1.7 Preis-Leistung

Die Sensoanalyse befähigt auch begründbare Aussagen über das Preis-Leistungs-Verhältnis eines Weines. Ob der Wein seinen Preis wert ist oder nicht, darüber entscheidet sicher nicht nur der sensorische Moment sondern ganz besonders kalkulatorische Parameter sowie marktspezifische Situationen. Oft genug entscheiden lediglich hedonische Beweggründe. Dies ist aus genießerischer Sicht und aus der Sicht des Endverbrauchers vollkommen in Ordnung. Von Seiten der Produktion sollten jedoch objektive Parameter ausschlaggebend sein.

6.1.8 Anwendung

Die Sensoanalyse lässt sich in vielen Bereichen anwenden. Nicht nur Wein sondern alle riech- und schmeckbaren Produkte lassen sich besser erkennen, wenn man nach ihren Inhaltsstoffen fragt. Bei Parfüm spricht man von der „Kopf- und Herznote", bei fertigen Lebensmitteln von der „Komposition der Inhaltsstoffe". Die Sensoanalyse lässt sich als „Fahrplan" zur Erstellung von Rezepten genauso verwenden wie zur analytischen Fraktionierung.

6.1.9 Lagerpotential

Durch das sensorische Erkennen und der quantitativen Einschätzung von reduktiv wirkenden Weininhaltsstoffen lassen sich begründbare Aussagen zum Lagerpotential eines Weines machen. Je höher z. B. Phenole, Mineralstoffe, Alkohole etc. konzentriert sind, desto höher ist das Oxidationspotential und somit die Lagerfähigkeit.

6.1.10 Qualitätseinschätzung

Wie muss ein Wein sein, damit er als gut bezeichnet werden kann? In Abb. 4. sieht man

Parameter, Erscheinungen und Bedingungen, die den Qualitätsbegriff verständlich machen sollen. Der Qualitätsbegriff ist nicht definiert!

Konzentration

Seit langer Zeit hält sich die Devise „viel drin = schmeckt gut". Intensiv riechende und schmeckende Lebensmittel oder Weine wurden schon immer und werden wahrscheinlich auch weiterhin eher als gut bewertet. Da dies bei den Produzenten bekannt ist, werden Lebensmitteln Aromen und Geschmacksverstärker zugesetzt, damit sie von möglichst vielen Menschen gekauft werden.

Beim Wein werden die Inhaltsstoffe optimiert, die von vielen Menschen als „gut" schmeckend eingestuft werden. Einfache „Hedotests", in denen man verschiedene Speisen oder Weine subjektiv mit gut und schlecht beurteilt, liefern die Informationen, nach denen dann gearbeitet wird. Die wichtigsten Inhaltsstoffe sind: Alkohol, Zucker, Mineralstoffe, Säuren und Aromen. Im Rahmen der gesetzlichen Möglichkeiten wird hier versucht, diese Inhaltsstoffe anzuheben, um die breite Akzeptanz der Weine weiter auszubauen.

Regionalität

Ganz im Gegensatz zum Globalisierungsdenken ist in den letzten Jahren ein Trend festzustellen, regionale Lebensmittel zu bevorzugen. Kurze Transportwege, „man kennt" den Erzeuger, man hat eine Vorstellung über die Produktion und baut dadurch eine Beziehung zu dem Produkt auf. Die Story um das Produkt hat zwar nichts mit dem sensorischen Erkennen gemein, erhöht jedoch die Akzeptanz, weil mehr Emotionalität mitschwingt.

Menschen lassen sich gerne dazu verleiten, persönliche Erfahrungen auf emotionaler Ebene mit in die Beurteilung einer Speise oder eines Weines mit einzubeziehen.

Abb. 4. Qualität.

Ökologie

Oft heißt es, dass ökologisch erzeugte Produkte „besser" schmecken als konventionell erzeugte. Auch hier geht es nicht um die Frage nach gut oder schlecht sondern um die Differenzierung der Produkte. Die sensorischen Prüfkriterien sollten bei ökologisch erzeugten Lebensmitteln und Weinen genau so stringenten sensorischen Kontrollen unterzogen werden wie dies bei konventionellen Produkten der Fall ist.

Oft zeichnen Aromadichte und mehr schmeckbare Variationen ökologisch produzierte Produkte aus. Es sind aber besonders auch Kriterien wie Umweltschutz, Gewässerschutz, Energiebilanz etc., worin sich ökologische Produkte von konventionellen unterscheiden.

Originalität

Auch die Originalität oder die Besonderheit eines Produktes wird oft als „Qualitätsparameter" erkannt. Geringe Verfügbarkeit oder besonderes Aussehen sind sicher wichtige Kriterien, sollten aber bei der sensorischen Kontrolle nicht zum Tragen kommen. Herkunft oder Besonderheiten eines Weines könnten hier erklärt werden.

Produktionskompetenz

„Wissen, wie es geht". Verfahrenstechnik, das Wissen, wie ein Produkt hergestellt wird oder Verfahren zur Optimierung vorgegebener Ziele (Effizienz) vermitteln dem Verbraucher Sicherheit und Vertrauen. Die Bandbreite der Produktionskompetenz erstreckt sich von maximalen technisierten Standards bis hin zu traditionellen Verfahren. Auch hier stellt sich in der Sensorik die Frage, welches Produkt sich wie, durch welche Verfahren verändert. Menschliche Erfahrungswerte gewichten bei diesem Qualitätsverständnis genauso wie Technik oder Automation.

Modern oder Ursprünglichkeit

Moderne oder ursprüngliche Produktionsverfahren stehen für unterschiedliche Qualitätsverständnisse. Ob ein Wein im Stahltank, mit Reinzuchthefe, temperaturkontrolliert, also modern ausgebaut wird oder ob er im Holzfass gelagert bei offener Maischegärung ausgebaut wurde, ist zunächst nur unterschiedlich und nicht besser oder schlechter.

Stil

Die Bevorzugung verschiedener Stile bei der Weinproduktion, sei es reduktiv oder oxidativ, ist für viele Tester ein Kriterium für ihr Urteil über einen Wein. Aber auch hier gilt es, die Unterschiede zu erkennen und nicht nach subjektiven Vorlieben zu urteilen.

Mode/Trends

Der Qualitätsbegriff schwankt mit der Mode oder den Trends, die gerade „in" sind. Mode und Trends entwickeln sich aus wechselnden Vorlieben der Verbraucher, die sich mehr oder weniger von den Medien, Werbung etc. manipulieren lassen. Letztlich lässt sich nicht immer nachvollziehen, warum ein Getränk oder eine Speise gerade gemocht wird oder auch nicht. Nicht die fachliche Information, sondern das emotionale Moment und natürlich jede Menge Geld sind notwendig um gezielte Trends zu kreieren.

6.1.10.1 Was bedeutet Qualität?

Auf diese Frage wird oft geantwortet: „Wenn er fehlerfrei ist und schmeckt"! Zwei Aussagen, die genauer überprüft werden müssen:

Was bedeutet fehlerfrei? Wann ist ein Aroma ein Fehler oder wann ist es noch charaktervoll? Wer definiert eigentlich was Fehler sind und was nicht??

Ein Aroma ist erst mal nur ein Aroma und wird erst durch eine Beurteilung oder eine Einschätzung von Personen in Institutionen seien es privater oder staatlicher Natur als fehlerhaft, gut oder schlecht eingestuft. Oft sind es subjektive Meinungen, die hier zum Tragen kommen.

Bevor man sich an das Thema Qualität heran traut sollte man sich wie mehrmals bereits erwähnt, zuerst fragen, von welchen Faktoren der „Geschmack" des Weines abhängig ist. Diese Fragestellung gilt natürlich auch für alle anderen Lebensmittel. Untenstehend einige Faktoren, welche die Weine in ihrer Erscheinung benennen, seien es die riechbaren Komponenten (Aromen), die überwiegend schmeckbaren (Süße, Säure, Salze, Bitterstoffe) sowie die schwerpunktmäßig fühlbaren Komponenten (Alkohol, Phenol).

Oft haben verschiedene sensoaktive Stoffe auch mehrere Aktionsmuster, werden also von Nase und Mund unterschiedlich und in sehr vielen Kombinationsformen aufgenommen (nicht mitgerechnet sind die Veränderbarkeiten durch die Reifung, durch Temperaturunterschiede oder sogar die Wahl der Gläser ...).

Alleine die untenstehenden, sehr groben und vereinfachten, auf Extreme bezogenen Parameter ergeben schon über 70 000 Möglichkeiten der Kombination. Würden Sie nur jeder Einzelkomponente fünf weitere Variationen (in Wirklichkeit sind hunderte möglich) zugestehen, so wären hier z. B. 17 150 000 Variationen in einem Wein möglich.

Eine ähnliche Variationsbreite der Weinbeurteilungen gibt es auch beim Menschen. Jeder Mensch wird ein und denselben Reiz unterschiedlich beurteilen und ihn als seine subjektive "Wahrnehmung" und somit auch als natürlich wahr und richtig empfinden.

Lassen wir uns nicht abschrecken von einer solchen großen Variationsbreite. Sehen wir es als Herausforderung, der Qualitätsfrage näher zu kommen!

6.1.10.2 Traubenunabhängige Beeinflussungen des Weinaromas

Lassen Sie uns dem Weinaroma auf die Spur kommen. Neben der Aromaanalyse einerseits, die uns der Gaschromatograph liefert, ist es auf der anderen Seite sensorisch wichtig im Wein die Veränderbarkeiten des Aromas durch verschiedene Methoden der Weinbereitung fester Gegebenheiten zu erkennen.

Folgende Parameter beeinflussen das Weinaroma:

- die **Traubensorte**, die selbstverständlich unterschiedliche Aromen und Eigenschaften mitbringt,
- der **Standort**, der an ein entsprechendes Klima und Boden gebunden ist,
- die **Produktionsart** im Weinberg, Wirtschaftsweise, Selektion, wie viele Kilo Trauben pro Hektar geerntet wurden, Reife und Gesundheitszustand ...,
- **Vinofiaktionsarten** im Keller: ob Reduktiv im Stahltank oder im Holzfass gearbeitet wurde, mit Reinzuchthefen vergoren wurde, mit Behandlungsmitteln gearbeitet wurde ...

Alle diese Faktoren und viele mehr müssen berücksichtigt werden, wenn wir von Typizität, Qualität, oder Terroir reden. Hier im Detail, welche Rückschlüsse sich aus diesen Faktoren ziehen lassen und welche Konsequenzen entstehen:

- **Klima**: warmes oder kühles Klima verändert die Säure im Wein. In kühlen Nächten während des Sommers verbraucht die Rebe weniger Säure, in warmen Nächten entsprechend mehr Säure. Säure dient der Rebe als Energieträger. Sie erhält damit ihren Grundumsatz aufrecht. Da sie nachts keine Energie durch die Sonne bekommt, wird sie bei warmen Nachttemperaturen ihren eigenen Energiebedarf aus der Säure decken, die hinterher im Wein fehlen wird. Daher sind Weine aus warmen Klimaten meist säureärmer als jene die in kühlen gewachsen sind. Säurereiche besitzen auch ein höheres Veresterungspotential während der Gärphase, welches zu vermehrt Fruchtigkeit führen kann.
- **Boden**: Der Boden nimmt ebenso Einfluss auf den Charakter der Traube und des Weines. Seine spezifische Zusammensetzung der Mineralien wird die Traube und somit den Wein prägen. Vor allem die unterschiedlichen Kalkanteile werden die Pflanze veranlassen ihren Säurehaushalt anzupassen. (siehe Terroir).
- **Ertrag:** Je mehr Trauben pro Stock geerntet werden, desto „dünner" wird der Wein werden. Die eingelagerten Mineralstoffe (Extrakte) sind u. a. für die Dichte und die Intensität eines Weines verantwortlich. Dieses herauszufinden und eindeutig einer sensorischen Aktion zuzuordnen wird unter dem Mineralitätseffekt beschrieben.
- **Biologischer-, konventioneller Anbau:** Ob ein Winzer biologische Maßnahmen im

Weinberg anwendet, z.B. nicht chemisch mineralisch düngt sondern die Nährstoffe mit Kompost oder Mist in den Boden bringt oder keine chemisch synthetischen Spritzmittel verwendet, wird die Traube in ihrem Wachstum und ihrer Reife beeinflussen. Besonders das Zusammenspiel der Begrünungen im Weinberg unterstützt die Traubengesundheit. Eine artenreiche Flora und Fauna hat Auswirkungen auf Wachstum, Reife und Widerstandsfähigkeit gegen Pilze und Schädlinge.

- **Sorten, Klone, Unterlage, Rebenalter:** Welche Sorten an welchem Standort welche Trauben hervorbringen, welche spezifischen Eigenschaften sie innerhalb ihrer Familie zeigt (Klone) oder auf welchem amerikanischem Unterholz sie wegen der Reblausgefahr aufgepfropft wurden oder wie alt sie ist, wird den Wein beeinflussen, den wir aus diesen Trauben keltern.
- **Vinifikation, Hygiene:** In den letzen Jahren entwickelten sich rasant die unterschiedlichsten Vinifikationsmethoden. Mit neuester Technik ausstaffierte Keller werden die Weinbereitung enorm beeinflussen und somit auch den entstehenden Wein. Ausschlaggebend wird auch sein, mit welcher Sorgfalt der Winzer im Keller hantiert oder wie mikrobiologisch sein Wein durch Bakterien und Pilze während der Gärung beeinträchtigt wird.
- **Vitikultur:** Düngung, Pflanzenschutz, Entlaubung, Begrünung, Bodenbearbeitung, Rebenerziehung, Pflanzdichte, Rebschnitt, Monokultur, Mischkultur ... diese Maßnahmen werden ebenfalls die Trauben beeinflussen und zu differenzierten Weinen führen.

Leider lassen sich Maßnahmen nicht selektiv eindeutig sensorischen Parametern zuordnen. Es können aber Tendenzen und Kombinationen sensorisch bestimmt werden.

6.1.10.3 Trauben- und vinifikationsspezifische Beeinflussungen der Weininhaltsstoffe

Nachdem die Trauben gewachsen sind, reif wurden und zur weiteren Bearbeitung in den Keller kommen, beeinflussen unterschiedliche Verarbeitungsmethoden im Keller (Vinifikation) die Aromatik und somit den Charakter des Weines.

- **Reduktion – Oxidation**
  Je reduktiver, d.h. je weniger Luft (hier besonders der Sauerstoff) während der Weinbereitung zum wirken kommt, desto fruchtiger wird das Weinaroma sein. Reduktiver Ausbau erfolgt i.d.R. im Stahltank.
- **Jung – alt**
  Mit zunehmendem Alter oxidiert der Wein und sein Aroma verändert sich. Man spricht von Firne und Reifenoten. Die Oxidation verursacht die meisten „Reifenoten" Die frischen Esternoten verlieren sich.
- **Stahltank-Barrique/ Holzausbau**
  In welchem Behältnis der Wein lagert, wird Einfluss nehmen auf sein Aroma und sein Oxidationspotential. Holz und Barriqueausbau werden gezielt zur Einlagerung von Phenolen und Aromastoffen in den Wein eingesetzt. Phenole wirken zusätzlich reduktiv und schützen den Wein vor Oxidation. Ein Ausbau im Stahltank verhindert diese Veränderung. Hier bleibt der Wein fruchtig.
- **Ertrag hoch – Ertrag niedrig**
  Wie viele Trauben pro Hektar geerntet werden und bei welcher Bestockungsdichte dies erfolgt, wird vor allem auf den mineralischen Extrakt Einfluss nehmen. Die Konsequenz ist fühlbare Dichte im Bereich des Mineral-Säurekomplexes und dadurch lange anhaltender Nachgeschmack. Außerdem lässt sich der Extrakt am Zahnschmelz als „seidigen Effekt" erfühlen.

- **Reinzuchthefe – Spontangärung**
  Die Hefen sind für das Gäraroma wichtig. Reinzuchthefen werden immer mehr fruchtigere Weine begünstigen als Hefestämme, die auch würzige oder animalische Noten hervorbringen. Aromavielfalt- und Intensität werden beeinflusst. Zum Einsatz kommen sogenannte Aromahefen, die selbst bei kalten Gärtemperaturen (9 °C) noch ihre Dienste leisten. Es entstehen Weine mit Gummibärchen- und Eisbonbonaroma.
- **BSA – kein BSA**
  Bei der Umwandlung von Äpfelsäure zu Milchsäure wird der pH-Wert angehoben und es entsteht im besten Falle ein buttriges Aroma, im schlechtesten wird man sich mit einem Sauerkrautton beschäftigen müssen. BSA ja oder nein verändert enorm die Eigenschaften des Weines. Die Säure des Weines verändert sich und somit das saure Schmecken.
- **Maischegärung KHE (Kurzzeit Hocherhitzung)**
  Mit den unterschiedlichsten Maischebehandlungsverfahren wird sich neben der Farbe beim Rotwein auch die Aromasituation verändern. Bei der KHE entstehen oft Kocharomen die den Wein marmeladig wirken lassen, außerdem bekommen Rotweine eine violette Farbe.
- **Klima**
  Nord – Süd (kühles oder warmes Klima)
- **Gärung**
  Gekühlt (temperaturkontrolliert) – natürlich (nicht temperaturbeeinflusst). Wie lange eine Gärung dauert, wird vor allem über die Temperatur gesteuert. Je länger sie dauert, desto mehr Fruchtester können sich bilden. Diese Verbindungen aus Säuren und Alkohol riechen i. d. R. fruchtig. Bei extremen Kaltvergärungen entstehen die in den Aromabeurteilungen polarisierenden Eisbonbon- und Gummibärchenaromen.

6.1.10.4 Unterschiedliche Vinifikationsarten beeinflussen die Inhaltsstoffe

In den letzten 5 Jahren wurden 400 % mehr Geld in die kellerwirtschaftlichen Ausstattungen investiert, als in die Außenbereich der Winzerbetriebe. Crossflow, Flotation, Vakuumfilter, Ionenaustauscher, Kühltechniken ... nehmen Einfluss auf Aroma und schmeckbare Stoffe im Wein. Man könnte den Eindruck gewinnen, dass Wein mehr und mehr im Keller gemacht wird. Doch viele Betriebsleiter modern ausgestatteter Betriebe argumentieren damit, dass die Technik hilft, die Arbeit, die im Weinberg an den Trauben geleistet wurde, zu verfeinern und die Nuancen im Wein besser herausgearbeitet werden können.

Säuren: pH-Wert-Veränderung
Durch Lesezeitpunkt, Entsäuerungen oder säurestabilisierende Maßnahmen wird die schmeckbare Intensität und die Art der Säuren, die sich im Wein befinden, beeinflusst und somit an Sortentypus, Stilistik und an der Herkunftstypizität „gearbeitet“.

Zucker: Glukose, Fruktose
Welche dieser beiden Zuckerarten die Restsüße bestimmen, wird auch das Gesamterscheinungsbild des Weines charakterisieren. Gärungsunterbrechung oder der Zusatz von Süßreserve (Traubensaft) sind hier zu nennen.

Phenole: Hemicellulosen, Polyphenole, Farben
Das Auge trinkt mit!! Ist ein Rotwein farbintensiv, wird er beim Verbraucher ein lobendes Staunen verursachen. Farbintensive Weine werden bei gleicher Inhaltsstofflichkeit oft besser bewertet als der gleiche Wein mit weniger Farbe. Das beweisen mannigfaltige Tests. Barriqueausbau und der Zusatz von farbstabilisierenden Phenolen helfen nicht nur die Farbe, sondern auch Mundgefühl und Aromatik zu verändern.

Mineralstoffe: Bodenspezifischer Extrakt s.o.
Aroma: Hefe, abhängig von der Gärführung s.o.

6.2 Annäherung an den Qualitätsbegriff

Dieser riesigen Menge an Variationsbreiten stehen jedoch auch Gemeinsamkeiten der Funktionalität der menschlichen Sinne sowie Gemeinsamkeiten aller unterschiedlichen Weine gegenüber.

6.2.1 Suche nach Gemeinsamkeiten

Wie bereits erwähnt, ist die Physiologie der menschlichen Sinne gleich. Das bedeutet, dass die Reizübermittlung durch sensoaktive Stoffe im Wein bei allen, die denselben Wein trinken, quantitativ dieselbe sein müsste. Zumindest müsste sie vergleichbar sein und sich lediglich in der Schwellenproblematik unterscheiden. Die logische Folge wäre, dass auch die dadurch entstehenden Empfindungen gleich sein müssten.

Fragt man sich nun, was denn alle Weine dieser Erde gemeinsam haben, so kommt man auf die messbaren Inhaltsstoffe wie Säuren, Alkohole, Süßen, Phenole, Aromen, und Mineralstoffe. Jeder Wein lässt sich analytisch auf wenige Stoffgruppen reduzieren.

Setzt man nun die Physiologie der Sinne wie z. B. die Funktionalität des Schmeckens oder Riechens den Inhaltsstoffen des Weines gegenüber und versucht Nase und Mund wie ein kalibriertes Messgerät einzusetzen, wird die Reproduktionsrate einer Aussage deutlich steigen, weil sie zuordenbar ist. Aber geht das überhaupt?

6.2.2 Reproduktion einer Qualitätsaussage

Eine objektivierte Aussage über einen Wein kann tatsächlich nur für die quantitative Einschätzung der Inhaltsstoffe eines Weines getroffen werden. Sobald beurteilt wird, kommen subjektive und individuelle Parameter mit ins Spiel, die Objektivität leidet! Hier sind Erfahrungswerte gefragt, die entsprechend kommuniziert werden müssen. Tägliches Üben und eine stetige Bewusstmachung der subjektiven Bedingungen einhergehend mit stetiger Kalibration, Reflektion und Evaluation der subjektiven Wahrnehmung, wird mehr und mehr eine reproduzierbare, und somit objektivierbare Aussage ermöglichen.

6.2.3 Ziele der Beurteilung

Aus der quantitativen Zusammensetzung eines Weines (Sensoanalytik) lässt sich nur dann eine beurteilende Aussage ableiten, wenn zuvor definiert wurde, welche Parameter zueinander ins Verhältnis gesetzt werden sollen. Oder einfacher ausgedrückt:

Zunächst ist es zwingend notwendig zu klären, was denn beurteilt werden soll! (= Reliabilität)

Die Ausbauart mit der dazugehörigen Sortentypizität und Herkunft oder das Preis-Leistungs-Verhältnis oder die ökologischen Verhältnismäßigkeiten oder, oder, oder ...

Um eine solche Aussage als „wahr“ bezeichnen zu können, müssen die Tester und Testerinnen sich einer ständigen Kalibration ihrer Sinne unterziehen sowie ihre Erfahrungen reflektieren und unter dem inhaltsstofflichen Aspekt evaluieren. Erst dann lassen sich Aussagen vergleichen und eine sinnvolle, reproduzierbare und transparente Ableitung herbeiführen.

6.3 Wichtigkeit objektivierter Qualitätsaussagen

Erst in den letzten Jahren wurde die Objektivierung von Geschmacksaussagen bei Wein immer wichtiger. Lückenlose definierte Qualitätsnachweise werden, wie bei anderen Lebensmitteln auch, bedingt durch Skandale und Unregelmäßigkeiten vom Verbraucher immer dringlicher gefordert.

Wenn es bis vor 1971 reichte, einen Wein vom Produzenten oder Fachmann als gut bezeichnen zu lassen, in dem man ihn als ausdrucksstark oder charaktervoll auslobte, so werden heute in den Bereichen Qualitätsmanagement und Qualitätssicherung andere Maßstäbe erwartet. Mit der Novellierung des Deutschen Weingesetzes (1971) wurden anhand eines Punkteschemas Güteklassen definiert :

Tafelwein
- Qualitätswein
- Qualitätswein mit Prädikat

Die Güteklassen definieren sich nach dem Zuckergehalt des Mostes (Öchslegrade), der Qualitätswein wird amtlich chemisch und sensorisch geprüft und erhält eine amtliche Prüfnummer.

Mittlerweile weiß „man", dass diese Punkteschemen nur sehr bedingt der objektivierten Prüfung und Darstellung von Qualität, Geschmack oder ähnlichem dienen. Intensive Evaluierungsmethoden wurden entwickelt, um die Ergebnisse der 5-, 20- oder 100-Punkte-Schemen wissenschaftlich zu begründen. Man weiß aber, dass es sich auch weiterhin um Aussagen handelt, die sehr motivations-, personen-, sozialisations- und erfahrungsabhängig sind. Niemand weiß wirklich, welche Details sich hinter den Punkten für Geschmack, Harmonie und den anderen zu prüfenden Parametern verstecken. „So irgendwie weiß das ja jeder", aber eben nicht genau. Bis heute gibt es keinen definierten Qualitätsbegriff! Niemand weiß tatsächlich, welche Parameter einen guten Wein ausmachen!!

6.4 PAR der Schritt zur nachvollziehbaren Qualitätsdefinition

(PAR ≈ Produkt, A ≈ Analyse und R ≈ Ranking)

Die Trennung von quantitativer Selektionsanalyse von deren qualitativer Einschätzung durch geschulte Testpersonen lässt zumindest eine nachvollziehbare Aussage zu. Objektiviert heißt das Ergebnis, subjektiv und auf Erfahrungen gestützt muss das Beurteilung (Ranking) bleiben, da PAR eine praxisorientierte Aussage generieren soll und vor allem mit anderen Rankings vergleichbar sein muss. Die Reproduktionsrate steigt mit PAR enorm, wie der subjektive Wert durch Kalibration einerseits und Evaluierung einerseits verglichen wird und wesentlich genauer interpretierbar ist, als alle anderen Beurteilungsysteme sensorischer Sensationen

Mit PAR wird das Rad zwar nicht neu erfunden, jede seriöse Degustation, die in wessen Auftrag auch immer stattfindet, sollte nach vergleichbaren und nachvollziehbaren Ergebnissen streben. Normalerweise wird z. B. eine erkannte Säure sofort als mehr oder weniger gut beurteilt, ohne sie jedoch zuvor quantitativ festzulegen. Der gleiche Säurewert würde aber von einem anderen Prüfer vielleicht vollkommen anders beurteilt, obwohl beide von derselben Säure sprechen. Diesen Prozess spaltet man in der Bewertung nach PAR auf.

6.4.1 Aufbau des PAR

Es werden zwei wesentliche Punkte der Prüfmethodik neu festgelegt:

1. Trennung von quantitativer und inhaltsstofflich fraktionierender, sensorischer Analyse und deren qualitativer Einschätzung.
2. Ein Wein wird nicht zu einem imaginären Maximalwert (es kann immer noch etwas Besseres geben) gesetzt, sondern die Qualitätseinschätzung erfolgt gezielt auf den zu prüfenden Wein oder Käse, Olivenöl, Brot ... mit den jeweiligen Spezifikationen.
3. Ziel ist es, das Qualitätsverständnis nachzuweisen und begründbar zu machen. Viele oder wenig vergebene Qualitätspunkte werden transparent und verständlich, weil sie fraktioniert und quantifiziert inhaltsstofflich begründet werden.

> Der PAR Bogen ist so aufgebaut, dass Sie im oberen Teil die Produktinformationen erhalten wie Sorte, Herkunft, Alkohol ... In der linken Spalte erfolgt die QDA (Quantitative deskriptive Analyse) von 23 Parametern. Den Parametern liegen entweder einzelne spezifische Inhaltsstoffe oder deren Kombinationen zugrunde, die die Prüfer zunächst quantitativ (1 = wenig, 10 = viel definieren). Die Aromenparameter sowie die Farbe sind produktspezifisch individuell einzutragen. Ein Drop-Down-Fenster hilft bei der Auswahl der Aromafamilien. In der rechten Spalte setzen die Prüfer die erkannten quantitativen Inhaltsstoffe und Charaktereigenschaften in das Ranking. Hier sind die Erfahrungen und die Reflexionsfähigkeit der Prüfer gefragt. Die Felder der rechten Spalte (insgesamt 230) werden automatisch ins internationale 100-Punkte-Schema umgerechnet.

Man trennt strikt zwischen sensoanalytischen Ergebnissen und dem Ranking selbst. Das Ranking erfolgt immer im Bezug auf das zu prüfende Produkt und wird nicht absolut bewertet oder zur Maxime. In den z. Zt. angewandten Schemata wird z. B. der „Geschmack“ (was auch immer das sein soll) sofort mit Punkten bewertet. Bei PAR müssen die Prüfer zuerst definieren, aus welchen Komponenten sich der „Geschmack“ zusammensetzt und ihn dann spezifisch auf das Produkt und die angegebenen und zu prüfenden Vorgaben hin bewerten.

6.5 Die Bedeutung der Punkte

Die Punkte, die mit PAR vergeben werden, wurden aus vielen internationalen Definitionen zusammengetragen und neu formuliert. Die gängigen 100-Punkte-Schemata beginnen ihr Ranking der Qualität bei ca. 70 Punkten und enden, bis auf wenige Ausnahmen bei 96 oder 97 Punkten. Das bedeutet, dass 90 % der zu beurteilenden Weine in einem Bereich von 25 P (70-95) abgehandelt werden.

Beim PAR-100-Punkte-Bewertungssystem beginnt das Ranking bei 55 Punkten. Unter 50 Punkte sind die Weine „fehlerhaft“, wobei der Fehler zu benennen ist. Bis 55 Punkte sind sie mit einem noch akzeptabeln Fehler versehen. Ab 56 Punkten beginnen die fehlerfreien Weine und somit eine Qualitätseinstufung. Der/die Verkoster/in hat somit die Möglichkeit, im Ranking deutlich transparenter zu urteilen. Da bei PAR bis zu 23 zu prüfende Parameter zur mengenmäßigen Einteilung und dann zur Beurteilung kommen, ist die Bewertung der Weine bis ins Detail nachvollziehbar.

6.5.1 Punkte-Ranking nach Darting

56–64 Annehmbar
Ohne echte Fehler, aber dennoch eher nichts sagend, neutral und in vielen Fällen einfach dünn. Ohne charaktervolle Eigenschaften. Erwartungsnorm gerade erfüllt.

65–74 Fehlerfrei
Noch Durchschnitt, Ranking liegt überwiegend in der erwarteten Norm. Saubere und

unkomplizierte Weine für jede Gelegenheit. Solide.

75–82 Gut
Reintönige, „saubere und dichte" Weine, sortentypisch, mit erkennbarem Charakter und Stil. Jederzeit empfehlenswert. Einige Punkte sind bereits über der erwarteten Norm, deutlich jedoch am oberen Drittel.

83–89 Sehr gut
Ausgezeichnete, sensorisch bemerkenswerte Weine von ausgeprägter Inhaltsstofflichkeit, die die Aufmerksamkeit eines jeden geübten Verkosters wecken.

90–94 Hervorragend
Erstklassige Weine, internationale Spitze, die zu den ausdrucksstärksten ihrer Art gehören. Deutliche volumenreiche Konzentrationen sensoaktiver Inhaltsstoffe, absolute Reintönigkeit und markante Charaktereigenschaften müssen gegeben sein.

95–99 Überragend
Weltklasseweine, die ein unvergessliches, prägendes, sinnliches Erlebnis gewährleisten. Spezifisch optimales Lesegut kombiniert sich mit perfektem Handwerk und charaktervollster Stilistik aus Herkunft und Sorte. Diese Weine sind in der Lage, jeden noch so extravaganten Weinliebhaber völlig in ihren Bann zu ziehen.

100 Einzigartig
Weine, von denen keiner zu denken vermag, man könnte sie in irgendeiner Form besser machen. Weine, die jegliche Vorstellungskraft übersteigen.

6.6 Der PAR Bogen

Das PAR System (Abb. 5) basiert auf einer Datenbank, die mit jedem Internetfähigem PC weltweit und immer erreichbar ist. Übertragungsarbeiten vom Papier in ein Daten verarbeitendes System (und damit verbundene Fehler) sind nicht mehr notwendig. Die Auswertungsarbeit wird wesentlich erleichtert und die Testergebnisse sind nach dem Speichervorgang sofort einsehbar und verwertbar.

Hier ist ein Bogen abgebildet, wie man ihn auf dem Bildschirm vorfindet. Viele Felder sind online erklärt und mit vielen Informationen versehen, die helfen, Fragen während des Beurteilungsvorgangs zu beantworten.

Jeder Wein ist mit einem Produktpass versehen, der die Informationen liefert wie: Herkunft Sorte, Analysedaten, Anbauinformationen , Vinifikationsart ... Je mehr Informationen zu einem Wein bekannt sind, desto genauer kann in der qualitativen Beurteilung der sensoanalytisch gefundenen Parameter darauf eingegangen und die Beurteilung darauf abgestimmt werden.

6.6.1 Der PAR-Ergebnisbogen in der Datenbank

Kommentar zum PAR-Ergebnisbogen: Im PAR-Bogen werden die gefundenen Parameter und deren Ranking grafisch dargestellt. Mit einem Blick lassen sich die Eigenschaften des Weins erfassen (Abb. 6)!

6.7 Zusammenfassung PAR

Nicht die „dicken, fetten" Weine, die signifikant überproportional gut abschneiden (viel drin = schmeckt gut) werden gefördert, sondern die einfachen und eher kleinen Weine können hier differenziert beurteilt werden. Da die ermittelten Punkte durch inhaltsstoffliche Angaben begründet werden, lassen sich viele Punkte genauso nachvollziehen wie we-

Produkt - Analyse - Ranking - Sensorische Analyse und Bewertung für Wein

Jahrgang - Name -
Lage
Hauptrebsorte / Rebsorten
Qualität
Geschmacksrichtung
Restzucker in g/l
Weingut
Land - Region -
Alkohol in vol.%
Säure in g/l
Ausbau
Tester/Gruppe/Tisch
Fehlerfrei ○ Ja ○ Nein
Fehler Hilfe?
Mängel/Fehler/Krankheiten

	Quantitative Einschätzung											Qualitative Einschätzung										
	00	01	02	03	04	05	06	07	08	09	10	00	01	02	03	04	05	06	07	08	09	10
Erwartungswert																						
Ausbauart	reduktiv	○	○	○	○	○	○	○	○	○	○	oxidativ										
A Aussehen gesamt																						
Klarheit	○	○	○	○	○	○	○	○	○	○	○	○	○	○	○	○	○	○	○	○	○	○
Farbe * (siehe unten)	○	○	○	○	○	○	○	○	○	○	○	○	○	○	○	○	○	○	○	○	○	○
Konsistenz / Viskosität	○	○	○	○	○	○	○	○	○	○	○	○	○	○	○	○	○	○	○	○	○	○
B Aroma-/ Nasenaspekt	**00**	**01**	**02**	**03**	**04**	**05**	**06**	**07**	**08**	**09**	**10**	**00**	**01**	**02**	**03**	**04**	**05**	**06**	**07**	**08**	**09**	**10**
	○	○	○	○	○	○	○	○	○	○	○	○	○	○	○	○	○	○	○	○	○	○
	○	○	○	○	○	○	○	○	○	○	○	○	○	○	○	○	○	○	○	○	○	○
	○	○	○	○	○	○	○	○	○	○	○	○	○	○	○	○	○	○	○	○	○	○
	○	○	○	○	○	○	○	○	○	○	○	○	○	○	○	○	○	○	○	○	○	○
	○	○	○	○	○	○	○	○	○	○	○	○	○	○	○	○	○	○	○	○	○	○
Gesamtintensität	○	○	○	○	○	○	○	○	○	○	○	○	○	○	○	○	○	○	○	○	○	○
C Mundaspekte/Geschmack	**00**	**01**	**02**	**03**	**04**	**05**	**06**	**07**	**08**	**09**	**10**	**00**	**01**	**02**	**03**	**04**	**05**	**06**	**07**	**08**	**09**	**10**
Süß	○	○	○	○	○	○	○	○	○	○	○	○	○	○	○	○	○	○	○	○	○	○
Sauer	○	○	○	○	○	○	○	○	○	○	○	○	○	○	○	○	○	○	○	○	○	○
Salzig Mineralisch / Extrakt	○	○	○	○	○	○	○	○	○	○	○	○	○	○	○	○	○	○	○	○	○	○
Bitter	○	○	○	○	○	○	○	○	○	○	○	○	○	○	○	○	○	○	○	○	○	○
Phenole / Tannin	○	○	○	○	○	○	○	○	○	○	○	○	○	○	○	○	○	○	○	○	○	○
Adstringenz	○	○	○	○	○	○	○	○	○	○	○	○	○	○	○	○	○	○	○	○	○	○
Alkoholeindruck	○	○	○	○	○	○	○	○	○	○	○	○	○	○	○	○	○	○	○	○	○	○
CO2	○	○	○	○	○	○	○	○	○	○	○	○	○	○	○	○	○	○	○	○	○	○
Intensität / Volumen	○	○	○	○	○	○	○	○	○	○	○	○	○	○	○	○	○	○	○	○	○	○
Nachhall / Länge	○	○	○	○	○	○	○	○	○	○	○	○	○	○	○	○	○	○	○	○	○	○
Balance	○	○	○	○	○	○	○	○	○	○	○	○	○	○	○	○	○	○	○	○	○	○

Potential bis zu Jahr

Gesamtpunkte Ranking: 0 Wert umgerechnet auf 100 Punkte: NaN

* Farbe Abstufung der Farbe von bis: Rotwein: braun - rot - violett, Weißwein: braun - gelb - hellgrün, Roséwein: zwiebel - lachs - roséviolett

Abb. 5. Der PAR-Prüfungsbogen.

PAR-System
Copyright 2009 - Martin Darting

bewertet am:
19.05.2009

Bewertet von	Martin Darting
Gesamtpunktzahl	88
ID	12893
Jahrgang_Name	2006 - Sannio DOC Aglianico
Lage	
Hauptrebsorte_Rebsorte	Aglianico
Qualitaet	DOC
Geschmacksrichtung	trocken
Restsuesse	1,50
Weingut	Az. Agr.
Land_Region	Italien - Kampanien
Alkohol	13,00
Saeure	6,00
Ausbau	Edelstahl/Barrique
Tester/Gruppe/Tisch	Darting - Martin
Fehlerfrei	j
Fehler Hilfe?	
Mängel/Fehler/Krankheiten	
Erwartungswert	6-8
Ausbauart	3

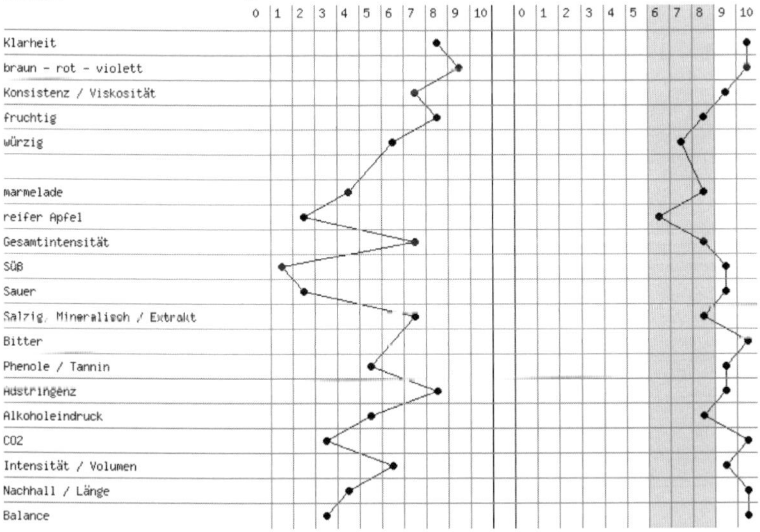

Potential bis zu Jahr	2011
Bewertung_Bemerkung	
Beschreibung	
Speiseempfehlungen	
Produktbeschreibung_lang	Fruchtiger, schlanker, nach Pflaumen, Cassis, und Vanille du ftender Rotwein, südländischer Typ, weich und zart in der Na se. Junges Tannin wirkt mit cremigem Alkohol und feinen mine ralischen Noten elegant und komplex.

Abb. 6. Der PAR-Prüfungsbogen in der Datenbank.

nige Punkte. Die einreichenden Winzer erhalten mit den Ergebnissen detaillierte Informationen darüber, bei welchen Parametern ihr Wein gut oder schlecht beurteilt wurde. Eine zusätzliche schriftliche Kommentierung ist ebenfalls möglich.

Hinter diesem ganzen System steckt eine ausgeklügelte Datenbank. Da die Fehlerquoten beim Abschreiben von Ergebnissen oder auch beim Scannen der angekreuzten Beurteilungsfelder sehr hoch sind, werden die Punkte von PAR digital und online direkt verarbeitet und auf das bekannte 100-Punkte-Schema umgerechnet, also ohne manuell-analoge Übertragungsfehler vom Blatt in die Datenverarbeitenden Systeme. Es gibt keine nervigen Datentabellen mehr, keine Berge von Papier ... und man hat per Knopfdruck detaillierte Verkostungsergebnisse, da die gesamte Auswertung das System selbst erledigt. Sie können weltweit alle Ergebnisse einsehen und die Ergebnisse von unterschiedlichen Prüfern zu einem Produkt mehrfach vergleichen.

Natürlich trennt das System, was die Prüfer angeht, die Spreu vom Weizen. Mineralische Elemente sowie Säure oder phenolische Wirkungen müssen exakt auseinander gehalten werden können. Wer das nicht kann, muss geschult werden. Seriöse Winzer und Praktiker beherrschen das in kürzester Zeit, vermeintliche „Kenner“ tun sich schwer und werden in der Statistik auf- und dann auch herausfallen.

Aussagen wie: “der Wein schmeckt mir, dem gebe ich viele Punkte“... gehören mit diesem System der Vergangenheit an.

Das System ist, nach all den bereits in kurzer Zeit erhaltenen Erfahrungen ein Beitrag zu Objektivierung sowie begründbarer und nachvollziehbarer Produktbewertung. Es ist vielleicht etwas aufwändiger als bisherige Verfahren, aber das sind wir unseren Winzern schuldig, die sich ein ganzes Jahr plagen, um einen guten Wein herzustellen. Da sollte man sich auch die Zeit nehmen, diesen Wein professionell zu erkennen und zu beurteilen.

7 Beschreibung der Wahrnehmung

Viel schwieriger als die Ergebnisse der QDA zu benennen und als Inhaltsstoffe zu erkennen, ist die dokumentative Verbalisierung. Da die olfaktorischen und gustatorischen Zentren in unserem Gehirn nicht oder nur wenig mit dem Sprachzentrum verknüpft sind, versucht man gerne mit Erinnerungen oder emotional geprägten Erzählungen die Erlebnisse in Nase und Mund zu erklären.

Zur Sensoanalyse gehört es daher zwingend dazu, auch die Attribute der deskriptiven Sprache zu analysieren, einzuteilen und unter dem Aspekt der Wiedererkennung einzusetzen. Mit einer sprachlich-analytischen Systematik lassen sich dann trotz dem vermeintlichen Beschreibungs-Wirrwarr klare und verständliche Begriffe, Beschreibungen und Ableitungen finden. Wichtig ist die Begründung, „warum" genau diese oder jene Begriffe Verwendung finden.

Worte, mit denen Wein beschrieben wird, werden oft sehr unterschiedlich gedeutet!

7.1 Aufteilungen der Attribute nach Informationsart und Gehalt

Im Folgenden eine Aufteilung, wie Sprache und Begriffe nach ihrer Objektivität, ihrem Informationsgehalt und ihrer Eindeutigkeit hin untersucht werden können. Eindeutige Attribute lassen sich in
- fachlich
- abstrakt
- rational

einteilen. Hier geht es nicht um persönliche Vorlieben.

Bezogen auf das **Riechen** bedeutet dies: Aromenbenennung.
Schmecken (Benennen schmeckbarer Inhaltsstoffe): Süß, sauer, salzig, bitter.
Haptik (Benennung fühlbarer Inhaltsstoffe): Temperatur, Viskosität, mineralische Effekte, Fülle, Dichte bedingt durch Alkohol ...

Eine Weinbeschreibung mit rein fachlich abstrakten und rationalen Worten liest sich z. B. so:

„Dieser Wein riecht fruchtig nach Pfirsich, etwas vegetabil nach Spargel und würzig nach Kardamom. Er schmeckt deutlich sauer und etwas süß und fühlt sich im Mund hart und spitz an".

Assoziative Beschreibungsmöglichkeiten lassen sich in mindestens drei unterschiedliche Varianten einteilen. Hier stellt das Vergleichen eine besonders einfache Methode dar, um unterschiedliche Weine nebeneinander zu verstehen.

vergleichend, rational (größer, kleiner, mehr als, weniger als ...)

Hier geht es um definierte Mengenangaben wahrgenommener Aromen, schmeck oder fühlbarer Stoffe. So lassen sich zwei Weine sehr gut miteinander vergleichen, z. B. „dieser Wein hat mehr Säure als der andere", oder „dieser riecht viel fruchtiger als der andere". Diese Beschreibung sagt noch nichts über Qualität, Typizität ... aus. Er wird weder beurteilt noch eingeteilt. Da das Erinnerungsvermögen an einen Geschmack nach drei Minuten deutlich abnimmt, ist es sinnvoll, die vergleichende Sensorik anzuwenden.

vergleichend, rational, bildhaft (sieht aus wie..., schmeckt wie...)

Zusätzlich zu den Worten wird hier mit sprachlichen Bildern gearbeitet; man versucht z. B. ein benanntes Erdbeeraroma noch genauer zu umschreiben: „Dieser Wein riecht nach reifen, roten Sommerwalderdbeeren ...“ Niemand käme bei einer solchen Beschreibung auf die Idee, sich vor seinem geistigen Auge die benannten Erdbeeren in einer Plastikschale aus dem Supermarkt oder an einem Verkaufsstand an einer Hauptverkehrstrasse vorzustellen.

vergleichend, subjektiv (persönliche Erinnerungen, Urlaub ...)

Je subjektiver eine Beschreibung wird, desto größer ist die Wahrscheinlichkeit, dass der Zuhörer nicht versteht, was man gerade mit seinen Worten meint. So könnte sich ein Eskimo schwerlich einen tropischen Regenwald vorstellen, jemand der noch nie einen Sonnenuntergang auf Capri miterlebt hat, hat Schwierigkeiten, sich diesen Ort auszumalen. Wird die subjektive Assoziation erklärt, steigt auch der Wiedererkennungswert beim Zuhörer. Auch der Versuch, Weincharaktere mit dem körperlichen Erscheinungsbild verschiedener Menschen zu vergleichen, würde unter diese Kategorie zählen (barocker Wein – barocke Frau).

Die sicherlich am häufigsten gebrauchten Attribute zu einem Wein sind hedonistischer Natur. „Gut, lecker, harmonisch, toll, super“ usw. haben im Grund keine Aussagekraft. Sie sagen nur, dass die Vorlieben eines Menschen getroffen wurden und dass der Wein ihm persönlich gut schmeckt.

Im Sinne der fachlichen Beschreibung und Wiedererkennung ist es vollkommen belanglos und gänzlich ungeeignet, persönliche Vorlieben zu benennen, um einen Wein zu beschreiben. Es sei denn man heißt Robert Par-

Sprachliche Analyse zur Weineinteilung und Beurteilung

Quantitative Dokumentation:

fachlich, abstrakt, rational

Riechen:	Aromenbenennung
Schmecken:	Benennen schmeckbarer Inhaltsstoffe
Haptik:	Benennung fühlbarer Inhaltsstoffe, Temperatur ...

assoziativ

vergleichend, rational (größer, mehr als)
vergleichend, rational bildhaft (sieht aus wie ..., schmeckt wie ...)
vergleichend, subjektiv (persönliche Erinnerungen, Urlaub ...)

hedonistisch (gut, lecker, harmonisch ...)

Abb. 7. Sprachliche Analyse.

ker, der jedoch immer seine Vorlieben als Maxime eines Geschmackes zu verkaufen verstand. Er hatte möglicherweise nie die Absicht, objektiviert mit Wein umzugehen. Im Gegensatz zu vielen anderen „Fachleuten“, die vorgeben, objektive Qualität darzustellen, dies aber mit ihren persönlichen Vorlieben gründlich verwechseln.

Je subjektiver Beschreibungen ausfallen, desto mehr muss der Versuch unternommen werden, diese zu begründen und zu erklären, um sie verständlich zu machen. Es sei denn, man glaubt einfach, was da so steht ...

Die Weinansprache ist natürlich voller hedonistischer Prägungen. Wein wird ja auch meistens zum Spaß getrunken und bedarf bei geselligen Weinproben keiner fachlich optimierten Weinansprache.

7.2 Weinsprache, Weinansprache

Um über Wein zu reden, gibt es viele Möglichkeiten. Winzer untereinander reden meist sehr analytisch, ebenso der geübte Weinkenner. Interpretative und emotional subjektive Sprachelemente prägen eine Weinsprache, die eher zum Schmunzeln einlädt. Erfahrungen, Sozialisation, positiv wie negativ empfundene Geschmackserlebnisse prägen also die Vorlieben und somit die Sprache über den Wein. Je genauer die Begriffe der Weinsprache aber erklärt werden, desto höher ist der Wiedererkennungswert. Und darum geht es.

Sicher ist, dass sich die Weinsprache aus den Weinansprachen entwickelt hat. Wird ein Wein beispielsweise bei einer Weinprobe besprochen, werden Worte benutzt, die zur Weinsprache gehören.

Die „Weinsprache“

Es wird versucht, das, was man beim Weinprobieren erlebt, in Worte zu fassen. Persönlich-subjektive Worte werden mit analytischen und emotional, hedonistischen und assoziativen Attributen kunterbunt vermischt (s. Abb. 2 Seite 19). Kein Wunder, dass der Wiedererkennungswert nicht sonderlich hoch ist. Dafür der Unterhaltungswert umso mehr.

So entstehen natürlich die verrücktesten Ideen, um einen Geschmack zu beschreiben. Von Prosa bis zur ernst gemeinten Dokumentation ist alles vorhanden. Letztens las ich in einer Weinzeitschrift folgende Weinbeschreibung:

„Reifer, braungebrannter Italiener, leicht voluminös, athletisch dicht gebaut, mit herber Note im Abgang...“

Ob hier die Rubrik der „Kontaktanzeigen“ verwechselt wurde?

Sprachliche Attribute sind leider nicht definiert oder abgestimmt. Die wenigsten Menschen, die auch professionell mit Wein zu tun haben, arbeiten zwangsläufig mit nicht kalibrierten oder definierten Attributen, um den Geschmack eines Weines zu erklären. Wer wollte sich schon vorschreiben lassen, wie er einen Wein zu beschreiben hat oder nicht? Also ist es notwendig, die verwendeten Attribute zu erklären und für den Zuhörer mit eindeutigen Wörtern verständlich zu machen. Es bleibt nur der Weg über das Erkennen der Weininhaltsstoffe wie bereits beim PAR beschrieben.

8 Weininhaltsstoffe – wie man sie erkennt und dokumentativ beschreiben kann

Welche schmeckbaren Inhaltsstoffe gibt es? Welche sind überhaupt schmeckbar und welche sind signifikant in ihrer Unterscheidung?

Man vermutet ca. 1200 verschieden Inhaltsstoffe und deren verschiedene Erscheinungsformen im Wein, die sensoaktive Eigenschaften besitzen. Hier finden Sie eine Liste der schmeckbaren und sensorisch unterscheidungsfähigen Weininhaltsstoffe. Bei dieser Auswahl wurde auch ein Augenmerk darauf gelegt, dass bei einem Erkennen dieser Stoffe Rückschlüsse auf Produktionsart, Reife der Trauben, Sauberkeit im Keller und viele andere Aspekte gezogen werden können.

Tab. 1. Die wichtigsten schmeckbaren Weininhaltsstoffe im Überblick

Säuren	**(g/l)**
Weißweine	4,0–9,0
Rotweine	4,0–6,0
Äpfelsäure	0,0–6,0
Weinsäure	0,5–4,0
Milchsäure	0,8–3,3
Bernsteinsäure	0,5–1,3
Zitronensäure	0,0–0,3
Flüchtige Säuren	
Ameisensäure	Spuren
Essigsäure	0,15–1,2
Propionsäure	Spuren
Buttersäure	Spuren
Valeriansäure jeweils	0,001–0,002
Stickstoffverbindungen	
Gesamtstickstoff	0,1–0,9
Histidin	ca. 0,0014
Gerbstoffe	
Weißwein	0,05–0,4
Rotwein	1,0–2,5

8.1 Säuren im Wein

Die Fruchtsäuren im Wein haben verschieden Wirkungsweisen in unserem Mund und in der Nase.

Die meisten Säuren kann man nur schmecken, und nicht riechen!

> Viele Menschen sagen z. B. zum Geruch eines Essigs: „Das riecht sauer". Das Aroma eines Essigs verbinden wir sofort mit dem sauren Schmecken der Essigsäure. Der Erfahrungswert, dass Essig sauer schmeckt, wird sofort mit dem Essigaroma verbunden und daher wird das Essigaroma als sauer bezeichnet. Einen saueren Geruch gibt es aber nicht, da sich in der Nase keine Rezeptoren befinden, die auf Säure reagieren könnten. Diskutiert wird die Säurewirkung auf die Nasenschleimhaut, die als Irritation bezeichnet wird.

Hier greift zum einen die klassische Konditionierung (s. Seite 19 „Der Geschmack"). Schon bei dem Wort Zitrone läuft einem das Wasser im Mund zusammen. Noch mehr, wenn uns das Aroma einer gelben Zitrone in die Nase steigt. Zum anderen ist es der „retronasale Duft (der sog. Rückgeruch über die Verbindung des Nasen-Rachen-Kanals zu den Geruchsrezeptoren in der Riechschleimhaut), der den vermeintlichen „sauren Geschmack" im Mund verursacht.

8.1.1 Säurebeschreibung oder – was Säure im Wein bewirkt

Irritation der Nasenschleimhaut beim Riechen. Erfahrungsgemäß verursacht ein säurereicher Wein im vorderen Nasenbereich, der überwiegend durch den Trigeminusnerv innerviert wird, ein mehr oder weniger starkes Kribbeln. So lässt sich schon beim ersten Gebrauch der Nase feststellen, ob ein Wein viel oder wenig Säure besitzt. Chemisch analytisch ist diese Aussage jedoch umstritten, da Säure im Wein gelöst ist und nicht als flüchtiger Stoff (die flüchtigen Säuren sind hier nicht gemeint) vorliegt. Denkbar wäre, dass über ein Aerosol durch das Schwenken des Weines im Glas Säuren an die Nasenschleimhaut gelangen und es so zu dem kribbelnden Gefühl kommt. Mit einer sehr stark verdünnten Säurelösung (Weinsäure 7:1000) lässt sich dieses Nasengefühl erleben und so zu einem objektiven, haptischen Wert verarbeiten.

Dieser haptische Wert ist jedoch nicht mit dem Ionisationseffekt von Mineralstoffen zu verwechseln oder der Irritation bzw. dem Gefäßerweiterungseffekt (Vasodilitation) des Alkohols auf die Schleimhaut. Diese wird später beschrieben.

8.1.2 Saures Schmecken auf der Zunge

Irritation der Wangenschleimhaut, mit der die „saftige Wirkung" (Speichelfluss) einhergeht. Die Speicheldrüse (Sublingularis) reagiert besonders sensibel auf diese Reizung.

Säuren schmecken sauer! Eine auf den ersten Blick lapidare Aussage. Auch dass unterschiedliche Säuren unterschiedlich sauer schmecken, ist landläufig bekannt. Interessant wird es, wenn z. B. Äpfelsäure und Weinsäure zusammen sauer schmecken und sie auseinander gehalten werden müssen, um eine verlässliche Aussage über den Reifegrad der Trauben treffen zu können, aus denen der Wein bereitet wurde. Dann macht es schon Sinn zu fragen: Wie schmeckt denn Äpfelsäure anders als Weinsäure?

Die sensorisch bedeutsamsten Säuren im Wein sind die Weinsäure, die Äpfelsäure und die Milchsäure.

Die **Weinsäure** gilt als die reifere Säure. Sie hat neben dem sauren Schmecken auch deutlich mehr auskleidende Effekte im Mund und ist in Reinform anhaltender in der Irritation jedoch weniger aggressiv als die Äpfel-

Tab. 1. Die wichtigsten schmeckbaren Weininhaltsstoffe im Überblick (Fortsetzung)

Alkohole	**(g/l)**
• Ethylalkohol	
Tischwein	50,0–110,0
Dessertwein	104,0–176,0
• Methylalkohol	
Weißwein	0,02–0,1
Rotwein	0,09–0,75
Propylalkohol	Spuren
Isopropylalkohol	Spuren
Butylalkohol	Spuren–0,1
Glycerin	3,5–25,0
Zucker	**g/l**
Glukose	0,0–150
Fruktose	0,0–150
Extrakt(zuckerfrei):	20,0–30,0
Mineralstoffe (g/l)	**1,5–3,0**
Lithium	< 0,1
Natrium	0,1–0,6
Kalium	0,5–2,5
Kupfer	ca. 0,001
Silber	ca. 0,001
Magnesium	0,1–0,24
Calcium	0,1–0,2

säure. Sie ist Aromaträger. In Verbindung mit anderen Weininhaltsstoffen gilt sie als die ausgewogenere. Sie vermittelt ein volleres Mundgefühl, vor allem im hinteren Mundbereich. Bei reifen Trauben ist sie quantitativ mehr vorhanden als die Äpfelsäure.

Die **Äpfelsäure** wirkt etwas härter, punktierter im Mund und ist bei gleicher Dosierung weniger lang anhaltend. Sie verstärkt vor allem in Verbindung mit Glukose einen unausgewogenen „Süß-sauer“ Effekt. Sie wird in warmen Nächten von der Rebe veratmet. Sie ist eine typische Säure für kühle Klimate und damit in Zusammenhang ein Parameter für „kühle“ Jahrgänge. Eine „knackige“ Säurestruktur im Wein ist sicher auch mit von der Äpfelsäure geprägt. Deutlich wurde dies im Jahrgang 2003, der sehr heiß verlief. Die Weinsäure blieb einigermaßen erhalten, die Äpfelsäure war abgebaut. Im vorderen Mundbereich wirkt sie zusammenziehend auf die Schleimhaut. Der daraus entstehende „Kussmund“ ist also ein Indiz für vorhandene Äpfelsäure im Wein.

Die **Milchsäure** entsteht durch den „Biologischen Säureabbau“. Sie wirkt weich, und mit ihr entstehen Aromen, die nach Joghurt und Milch, Sahne oder Butter riechen. Auch Sauerkrautvarianten sind oft erkennbar. Sie hebt den pH-Wert im Wein an und lässt ihn so weicher, also weniger irritierend erscheinen. Am Gaumen hinterlässt die Milchsäure manchmal ein leicht schleimiges Mundgefühl wie nach dem Genuss von Buttermilch, Joghurt oder anderen Milchprodukten. Sicher spielt bei dieser Beschreibung auch eine klassische Konditionierung zum jeweiligen Aroma eine Rolle, aus dem dann die Assoziation „Butter, Joghurt“ etc. wird.

> Um diesen Effekt zu spüren, drücken Sie, nachdem Sie den Wein geschluckt oder ausgespuckt haben, die Zunge an den oberen Gaumen.

8.2 Süße – was Süße im Wein bewirkt

Das Süßespektrum beim Wein ist riesig. Von einem Gramm bis über 400g/ l Wein ist alles möglich. Die Bezeichnung trocken ist eine der wenigen, die von Gesetzesseite her geregelt ist. Bis max. 9 g Restsüße darf ein Wein vorweisen, um noch als trocken zu gelten.

Beim Wein hat Zucker einen schwierigen Stand. Süße Weine galten lange Zeit als gezuckert. Chaptalisation wurde als „aufzuckern“ bezeichnet. Das Vorurteil „süße Weine sind gepanschte Weine“ verfestigte sich in den Köpfen der Verbraucher. Verschiedene Weinskandale taten ihr übriges, um diesen Effekt zu verstärken. Kein Wunder, dass sich der Trend „Trocken trinken“ durchgesetzt hat.

Bei Blindverkostungen schneiden jedoch die Weine mit einer gewissen Restsüße deutlich besser bei den Verbrauchern ab, als die wirklich trockenen Weine. Statistisch gesehen mögen mehr als 80 % der Bevölkerung die Geschmacksrichtung „Süß“, gefolgt von „Salzig“ mit 63 % in Verbindung mit gesättigten Fettsäuren (tierische Fette) und „Sauer“ mit 36 %. Bitter mögen nur ca. 3 % der Bevölkerung. In Kombination mit Süße (hier besonders mit Fruktose) erhöht sich mit allen anderen schmeckbaren Stoffen die hedonische Akzeptanz deutlich.

Nun besteht das Problem, dass ein Wein einerseits für den Weinkenner trocken zu sein hat, aber durchaus etwas Süße beinhalten darf, frei nach dem Motto „Wasch mich, mach mich aber nicht nass“.

Viele Weine werden heute auf „modern Trocken eingestellt“, d. h., dass die gesetzliche Vorgabe 9 g/l eingehalten wird, um die Bezeichnung trocken auf dem Etikett führen zu dürfen, der Wein jedoch soviel Restsüße beinhaltet, dass er von möglichst vielen Konsumenten akzeptiert wird.

8.2.1 Arten der Süße im Wein

Glukose und Fruktose kommen in der Traube zu gleichen Teilen vor. Während der alkoholischen Gärung wird zuerst die Glukose in Alkohol umgewandelt, dann die Fruktose. Hat ein Wein eigene Restsüße, handelt es sich hierbei in der Regel um Fruktose. Wird ein Wein „durchgegoren" und die Restsüße nachträglich mit Traubensaft (Süßreserve) eingestellt, ist das Ergebnis ein Gemisch von Fruktose und Glukose im Wein. Dies wirkt sich auf die sensorischen Eigenschaften eines Weines aus.

Sensorische Eigenschaften von Glukose
Glukose ist weniger süß als Fruktose, wirkt leicht klebrig, wenig frisch und wirkt schwer und zusammengeballt im Mund. Glukose bildet weniger gut eine Einheit mit anderen Weininhaltsstoffen. Im Mund entsteht z. B. ein süß-saurer Effekt und weniger ein „Spiel" aus Süße und Säure. Konzentrationabhängig entsteht zuerst ein kühlender Effekt am Gaumen. Später wird Glukose als staubig oder pudrig empfunden

Sensorische Eigenschaften von Fruktose
Fruktose schmeckt ungefähr doppelt so süß wie Glukose, wirkt fülliger, frischer und weniger klebrig. Ein Ausgleichseffekt zu anderen Inhaltsstoffe im Wein ist bei Fruktose besser gegeben als bei Glukose. Im Allgemeinen erhöht eine Restsüße von ca. 5-8 g/l Fruktose im Wein, der je nach Säure (Säure+2) dann gesetzlich noch immer als trocken gilt, die Akzeptanz beim Verbraucherüberproportional. Trocken trinken aber süß schmecken sind Eigenschaften, die besonders die Fruktose kann. Zusammen mit der Weinsäure (s. Seite 41) wird das Süße-Säure-Spiel besonders attraktiv bewertet. Besonders gut lässt sich dieser sensorische Effekt im direkten Vergleich zweier Weine erkennen.

8.2.2 Glycerin

Als dreiwertiger Alkohol schmeckt dieser süßlich und hinterlässt ein cremiges Mundgefühl. Glycerin ist in hochreifen Trauben bereits enthalten und bildet sich zusätzlich während der Gärung. Glycerin lässt die Weine schwer und viskos erscheinen. Hochwertige trockene Weine können durch Glycerin süß schmecken. Trockene Auslesen oder Weine ähnlicher Qualitäten sind oft von Glycerinsüße geprägt. Ebenso enthalten Trauben, die mit dem Edelschimmel Botrytis infiziert sind, viel Glycerin.

Oft hört man den Begriff Extraktsüße. Er ist weder definiert noch evaluiert. Es handelt sich um ein Interpretation konzentrierter Wirkung von Mineralstoffen, die mit relativer Säurearmut und damit mit hohen pH werten einhergeht. Durch nichtvorhandene Säure entsteht auch keine Dissoziation. Alkohol und Mineralstoffe bewirken ein wuchtiges, intensives Mundgefühl. Der gleiche Mineralwert würde bei veränderter Säure vollkommen differenziert, nämlich weniger „süß" wahrgenommen werden.

8.3 Extrakt oder Mineralstoffe im Wein

Als mineralisch werden die Mineralsalze (Mineralstoffe) oder das Extrakt im Wein bezeichnet. Mineralstoffe entfalten ihre Wirkung trigeminal (über den Trigeminus-Nerv) als seidiges – (die Amerikaner nennen dies „silky") oder die Zähne stumpf machendes Mundgefühl, wie man es beim Essen von Spinat her kennt, aber weniger intensiv.

Mineralität ist zusammen mit Süße und Alkohol für die Fülle (s. Seite **50** Empfindungen im Mund) der Weine verantwortlich. Ebenso wirkt eine hohe Mineralität im Wein ausgleichend auf andere Weininhaltsstoffe.

Weine mit viel Extrakt wirken dann trotz hohem Alkoholgehalt nicht brandig oder stark alkoholisch oder bei hohen Säurewerten weniger sauer.

> Diesen Effekt kennt man beim Genuss von Tequila. Zuerst wird Salz vom Handrücken abgeleckt (Erhöhung der Mineralität) danach wird Zitronensaft geleckt, um das saure Schmecken zu induzieren. Schon hier wird deutlich, dass die Säure der Zitrone nicht mehr sauer schmeckt und das Salz nicht mehr salzig. Dieser Harmonisierungseffekt, dem eine Dissoziation zu Grunde liegt, wird fortgeführt, wenn der Alkohol des Tequila hinzukommt. Dieser wirkt dann nicht brandig, sondern erst cremig.

Die „Vollmundigkeit“ wird durch die Mineralien im Wein verstärkt. Das Extrakt ist Vermittler zwischen Säure und Süße. Manchmal schmecken extraktreiche Weine etwas salzig.

Man vermutet unterschiedliche Dissoziationsgrade der Säuren bei extraktreicheren und weniger extraktreichen Weinen. (PKS Wert) Die unterschiedlich ausfallenden Mundgefühle lassen dann Rückschlüsse auf Extrakt- und Säurewerte schließen. Gerade diese haptische Differenzierung bedarf viel Übung und regelmäßiger Kalibration und Evaluation mit Standards oder entsprechenden Weinen.

Verwechseln Sie nicht die Mundwirkung von Extrakt und Säure!

Beide Stoffe führen zwar zu einer Irritation der Mundschleimhaut, aber das Extrakt wirkt vor allem an den Zähnen und eher im vorderen Mundbereich, während die Weinsäure eher im mittleren und seitlichen Mundbereich spürbar ist. Da die Äpfelsäure auch eher im vorderen Mundbereich spürbar ist, wird die Differenzierung zwischen Extrakt und Säure hier zusätzlich erschwert. Neben den haptischen Effekten schmeckt Säure zudem auch noch sauer. Die Art des sauren Schmeckens hilft jedoch wieder, die Säuren zu differenzieren.

Ein Wein mit viel Extrakt und wenig Säure wird sich im vorderen Mundbereich „stoffig“ (Extraktsüße s.o.) zeigen, jedoch ohne die Irritation der Säure zu haben. Typisch ist dieses Mundgefühl für Weißweine, die in warmen Klimaten gewachsen sind, da dort die Säure bereits von der Rebe veratmet wurde. Der Effekt ist umso erkennbarer, wenn die Trauben optimal versorgt, aber mit geringem Ertrag geerntet wurden.

Bei Rotweinen mit wenig Gerbstoffgehalt zeigt sich dieser Effekt ebenfalls. Da die Polyphenole ähnlich auf die Rezeptoren im Mund wirken, ist auch hier die Differenzierung beider Wirkungsweisen nicht einfach. Rotweine mit hohem Phenolgehalt werden durch die Extraktwirkung länger im Mund bleiben. Der Eindruck der Dichte und ein dynamisches, variantenreiches Mundgefühl wird hierbei verstärkt, weniger die plumpe Schwere wie z.B. bei einem alkoholreichen Wein ohne wirkenden Extrakt oder Phenole.

Schwieriger wird es dann, wenn südländische Weine gesäuert wurden. Die zugesetzte Weinsäure (Äpfelsäure darf nicht zugesetzt werden) verfälscht den Eindruck des „südländischen Charakters“. Diese Weine wirken frischer und bedingt durch ein größeres Veresterungspotential bei entsprechend reduktiver und kühler Gärführung auch deutlich fruchtiger in der Aromatik.

8.3.1 Das Terroir

In diesem Zusammenhang muss auch der Begriff des „Terroirs“ genannt werden. Hier möchte ich besonders die spezifische, bodenabhängige Mineralisierung der Weine ansprechen. Der Begriff des Terroirs stellt natürlich ein wesentlich breiteres Spektrum der Weincharakterisierung zur Diskussion als lediglich die Bodenaspekte. Aber unter dem Thema der Mineralität hat der Standort der Rebe durchaus Auswirkungen auf das Gesamterscheinungsbild eines Weines.

Diesem Thema werden marketingtechnisch in verschiedenen Regionen dieser Erde unterschiedliche Gewichtungen beigemessen. In Frankreich sicherlich deutlich mehr als in Kalifornien oder Gebieten mit weniger spektakulären Bodenverhältnissen. Spezifische Bodenarten lassen sich am spezifischen Mundgefühl erkennen. Viele kritische und unabhängige Tests erlauben, diese immer wieder strittige Aussage zu treffen. Betrachtet man einen Riesling von der Mosel ausschließlich im Hinblick auf die Mineralität, wird dieser ein anderes Mundgefühl verursachen als ein Riesling mit vergleichbaren analytischen Werten aus der Pfalz oder aus Baden.

Je einseitiger, prägnanter und konzentrierter eine spezifische bodenabhängige Mineralisierung eines Weines ausfällt, desto deutlicher werden die Effekte im vorderen Mundbereich zu spüren sein. Nicht die viel gelobte Harmonisierung verursacht die Attraktion eines Weines, sondern seine Einseitigkeit bei maximaler Grundversorgung der Rebe.

Auch bringen einige Rebsorten die mineralischen Wirkungen besser zum Vorschein als andere. Hier ist besonders auffällig die Cortese-Traube zu nennen, die bei Gavi-Weinen im Piemont Verwendung findet. Ebenso die Verdicchio-Rebe, die in den Marken (Verdicchio Castelli die Jesi) und allgemein in Mittelitalien zu Hause ist. Besonders auffälliges Terroir, das mit Riesling bestockt ist, finden Sie in Deutschland in der Lage des Forster Pechsteins und die Einzellage des Hofguts Odinstal in Wachenheim an der Weinstrasse. Natürlich gibt es allerorts ausgeprägte Bodencharaktere, die man hier ebenso aufzählen könnte.

Um ein breiteres Verständnis zum Terroir unter sensoanalytischen Gesichtspunkten zu bekommen, sollte man **zwei Arten von Terroir** unterscheiden: Mit dem Menschen und ohne ihn.
Zuerst die Variante **„ohne Mensch“**
Wenn wir echtes Terroir schmecken wollen, dürfen wir nichts an Trauben, Stock und dem werdenden Wein manipulieren. Kein Rebschnitt, der die Menge regelt, keine Bewässerung und Düngung. Den Pflanzenschutz nur zur Gesunderhaltung des Stockes und seiner Früchte. Keine Reinzuchthefe oder temperaturkontrollierte Vergärung und natürlich keinen Schwefel, keine Filtration...man könnte die Aufzählung fortsetzen. Ließe man jegliche Manipulation weg, entstünden Weine, die wir nicht mögen würden. Oxidierte Weine mit Essig und anderen Noten der Ursprünglichkeit. Solche Weine wurden früher mit Kräutern und Honig versetzt, damit sie überhaupt genießbar waren. Sie sind nicht gemeint, wenn man an differenzierte Lagenweine denkt, die vom Terroir geprägt sind.
Die andere Variante **„mit Mensch“** ist schwieriger zu definieren. Nicht das maximal Machbare in Anbau und Oenologie ist gefragt sondern das Begleiten der Weine, das Wissen um Tradition und somit das Wissen und die Erfahrung um Besonderheiten der Lagen. Auch das Zulassen von Jahrgangsunterschieden bedeutet ein Zulassen von Terroir. Minimalismus auf hohem Niveau wäre vielleicht eine Devise des Terroirweines.

Das Thema Terroir ist und bleibt eines der interessantesten Themen im sensorischen Bereich. Trotzdem bin ich der Meinung, dass dem Terroir, wenn man diesen Begriff auf den Boden reduziert, zuviel Bedeutung beigemessen wird. Dazu gibt es einfach zu viele charaktervoll ausgeprägte Weine von unspektakulären Böden, die jedoch unglaublich mineralisch wirken. Vorsichtige Ableitungen aus empirischen Degustationswerten lassen eine Beeinflussung von 20-25 % zu.

Bedenkt man, dass 95 % des organischen Rebmaterials (Holz Beeren …) sich aufgrund der Energie aus der Sonne bilden, teilen sich die restlichen 5 % auf in die standortabhängigen Parameter der Rebe.
Um die lagenspezifischen Mineralien in den Wein zu bekommen, muss die Rebe „mager“ gehalten werden. Ihre Wurzeln werden in die Tiefe gehen, um zum einen Wasser und damit verbunden die spezifischen Mineralien zu extrahieren. Gemessen werden Mineralstoffe im zuckerfreien Extrakt. Je höher dieser ausfällt, desto eher können Mineralien wahrgenommen werden.

Über die Nase

Z. Zt. ist kein Duftstoffbekannt (außer Kupfer und einer Fettsäureverbindung), der als mineralisches Aroma definiert werden könnte. Empirische Untersuchungen lassen aber die Aussage zu, dass sich Mineralien in der Nasenmitte bis zur Wurzel (trigeminal) spüren lassen.

Das geschieht für viele spürbar ab ca. 23 g zuckerfreiem Extrakt/Liter Wein und bei einem pH Wert von ca 2,8-3,2 (Ausnahmen bestätigen die Regel).

Die vorhandene Menge an Mineralien im Wein ist abhängig von der geernteten Traubenmenge und der Bestockungszahl/ha. Vereinfacht lässt sich sagen: Je weniger Trauben bei möglichst vielen Stöcken/ha geerntet werden, desto höher das Extrakt und somit die mineralische Wirkung.

Vieles, was sich in den letzten Jahren in der Kellerwirtschaft entwickelt hat, nutzt nicht der Lagen-Terroirdifferenzierung.

Soviel wie nötig, sowenig wie möglich ist hier das Ziel

Einige Gegebenheiten die das Terroir bereits stören, müssen akzeptiert werden. Dazu gehören die Pfropfung der europäischen Fruchtrebe auf amerikanische Unterlagen und ein unvermeidlicher Pflanzenschutz, der möglichst unter ökologischen Gesichtspunkten durchgeführt werden sollte.

> Im möglichst großen Glas benetzt man die Glasinnenfläche und nutzt die Flüchtigkeit des Alkohols. Mineralien und Säuren, die eigentlich nicht flüchtig sind, werden in einer Art Aerosol beim langsamen, tiefen Einatmen (nicht schnüffeln) an die Nasenschleimhäute transportiert und verursachen dort ein leichtes Kribbeln, ein seidiges Nasengefühl, das manche auch mit staubig oder metallisch beschreiben. Lassen sie sich Zeit, dieses mineralische Gefühl zu erleben, es braucht einige Sekunden bis sich diese Empfindung einstellt. Begleitende Aromen und Säuren tun ihr eigenes haben aber nichts mit mineralischen Varianten zu tun. Eine Assoziation zu einem Aroma, wie etwa Eisenstaub oder die salzige Meeresbriese (und sei sie noch so „mineralisch“) ist noch lange nicht mineralisch! Auch die Irritation einer Säure an der Nasenschleimhaut ist nicht mineralisch, auch wenn sie ähnliche Empfindungen hervorruft. Riechen lassen sich Säuren nicht.

Unter strikten hygienischen Bedingungen lassen sich auf solchen Lagen geerntete Trauben spontan vergären, also ohne Zusatz von Reinzuchthefen. Denn diese verändern den Wein immens. Gerne würde ich hier eine Zahl nennen, wie sie im Verhältnis oder prozentual zu anderen Maßnahmen den Wein verändern, aber das ist schwieriges „Terroir“.

Weine, die ohne Reinzuchthefe vergoren wurden, zeigen oft vollkommen andere Aromen als nur fruchtige und brillante. Würze, erdige Dufte, balsamische Varianten bis hin zu animalischen und vegetabilen Noten – oft ist alles vorhanden, was diese Hefen in ihrem Spektrum zeigen können und ausmachen. Je hygienischer hier gearbeitet wird, um so besser. Ohne Bakterien und deren Stoffwechselprodukte, vielleicht sogar die Reduktion im Stahltank ist hier hilfreich, ohne störende Oxidation (denn das ist kein Terroir). So kann man die Aromadichte zeigen, die durch viele lagenspezifische Hefestämme entsteht. Das ist nicht jedermanns Geschmack!! Aber die Wirkung dieser Weine ist beispiellos, weil viele dieser Aromen unser Bewusstsein gar nicht erst erreichen, also unter der Wahrnehmungsschwelle bleiben und uns auf der Empfindungsebene stimulieren. Nicht die lauten, schrillen Töne sind hier gefragt, sondern die leisen, pastellen, zarten und subtilen Düfte, für die man sich ebenfalls etwas mehr Zeit nehmen muss!!

Das heißt nicht, dass es keine Terroirweine mit Reinzuchthefe gibt. Eine Winzerin, die über sehr markante Böden verfügt, äußerte bei einem Gespräch den Gedanken, dass zu viele Aromen die Wahrnehmung des Terroirs stören könnte. Sie wählt zur Gärung Hefen aus, die zurückhaltende Aromen produzieren und so die fühlbaren Komponenten am Terroir besser zu Geltung kommen lassen. Ein schlüssiges Argument!

Über den Mund

Die Mineralien spürt man am besten am Zahnschmelz. Ein Wein mit deutlichem zuckerfreiem Extrakt wird bei Ihnen (wie vor dem Genuss von Tequila, der durch Salz und Zitrone vorbereitet wird) ein pelzig seidiges Gefühl am Zahnschmelz ausmachen. Nur dort ist das Extrakt zu spüren. Sehr selten lässt sich auch eine Salzigkeit schmecken. Im Gegensatz zu den vier Geschmacksarten ist dieser Mineraleffekt an den Zähnen viel länger anhaltend als das Schmecken der vier Grundgeschmacksarten.

Eine bemerkenswerte Dichte stellt sich im Wein ein, für die es auch wieder Zeit braucht, sie erst einmal zu erleben, um sie dann zu verstehen.

Zusammenfassend sind es mehr spürbare Elemente, die am Terroir den Löwenanteil ausmachen, als schmeckbare oder riechbare Elemente. Entdecken Sie ihren Gefühlssinn neu und lassen sie sich ein auf Mineralitäts-Säure-Wirkungen, unterstützt durch eine enorme Aromadichte der Spontanvergärung

Ich kann Sie nur ermutigen, den Weg des Terroirs zu betreten und viel Neues-Altes wieder zu erkennen.

Es geht nicht um richtig und falsch oder gut und schlecht, sondern um die Differenzierung und die Unterschiedlichkeit. Es lohnt sich allemal, diese Tiefe der Lagenweine zu erleben.

8.4 Alkohol

Alkohol (Ethanol) ist eine Flüssigkeit, die nicht riech- und nicht schmeckbar ist. Alkohol ist sehr leicht flüchtig und wird bei hoher Dosierung im Wein deutliche Irritationen in Mund und Nase bewirken. „Stechen“, „brandig“, „scharf“ sind Vokabeln, die für diese haptischen Phänomene gerne Verwendung finden.

8.4.1 Wirkungen von Alkohol auf die Mundschleimhaut

Alkohol verursacht ein wärmendes Mundgefühl (Vasodilitation). Die Blutgefäßerweiterung lässt mehr Blut in die Mundschleimhaut fließen und verursacht so das Wärmegefühl. Alkohol wird oft als der Faktor bezeichnet, der die „Schwere“ eines Weines kennzeichnet. Alkohol allein ist aber für den Schwereeindruck eines Weines sicherlich nicht verantwortlich. Insbesondere die Kombination aus Glukose und wenig Säure lässt Weine schwer und plump erscheinen.

Alkohol verbindet die verschiedenen Inhaltsstoffe im Wein. Er wirkt als tragende Basis und vermittelt Effekte von Fülle, Wärme, Aromenintensivierung und Dynamik aufgrund seiner flüchtigen Eigenschaften. Er bewirkt neben Extrakt und Süße (Fruktose) die Nachhaltigkeit. Ohne Ethanol sinkt die Attraktion eines Weines gegen null. Um Alkohol als „angenehm“ zu empfinden, braucht er jedoch Bindungspartner, die in einem harmonischen Verhältnis zueinander stehen sollen. Hier spricht man besser von Balance, um die unnötige hedonistische Verwirrung zu vermeiden.

Die Erfahrung zeigt, dass es zu weniger brandigem Empfinden kommt, wenn ein deutlicher Mineralstoff-Säure-Komplex als sensorischer Pufferungspartner dem Alkohol im Wein zur Verfügung steht. Eine von vielen Menschen als angenehm empfundene Kombination ist z. B. die folgende:
12,5–13 %vol Alkohol, 6-8g/l Fruktose, ca. 25g zuckerfreier Extrakt, 6,5–7,5 g/l Säure

> Probieren Sie doch einmal einen entalkoholisierten Wein. Obwohl vergleichbar viele Aromen und schmeckbare Inhaltsstoffe in diesem Wein vorhanden sind werden Sie vermutlich sagen: „Der schmeckt nach nichts“.

8.5 Gerbstoffe/Polyphenole/Lignin/Hemicellulosen

Das bekannteste Mitglied der Polyphenole im Wein ist das Tannin.

Tannin und andere Gerbstoffe entstammen der Beerenhaut, den Kernen und Stielen, aber ebenso den Fässern, in denen der Wein ausgebaut und gelagert wird. Beereneigener Gerbstoff bei physiologisch reifen Trauben wirkt im Mund zarter und auskleidender als Gerbstoff aus Fässern. Natürlich ist hier der Toastinggrad des Fasses, die Lagerzeit und die Beschaffenheit des Weines mit ausschlaggebend. Waren die Trauben unreif, wirkt der daraus extrahierte Gerbstoff hart, grün und sehr punktiert an der Gaumenmitte und bleibt dort lange dominant fühlbar. Das adstringente Verhalten als haptische Wirkungsweise des Gerbstoffes ist bei der überwiegenden Zahl der Rotweine im hinteren Mundbereich zu spüren. Hier ist es vor allem der Vagus-Nerv, der den hinteren Mund und Rachenraum innerviert.

Einige der Gerbstoffe gehen auch mit bitterem Schmecken einher. Diese treten besonders hervor, wenn der Maischekuchen bei der Pressung zu stark ausgedrückt wurde. Wenige Liter stark ausgepressten Saftes können dann eine ganze Weincharge bitter werden lassen. Diese Art der Gerbstoffe bleibt auch über Jahre hinweg im Wein fast unverändert dominant.

Junge Weine, die lange Maischestandzeiten und langes Fasslager erlebt haben, kleiden dann auch den ganzen Mund aus. Dieser Wert kann grenzwertig als Schmerz empfunden werden.

> Der adstringente Effekt wird verursacht, weil das Phenol den Eiweißanteil im Mundspeichel denaturiert. Ist soviel Gerbstoffaktivität wie denaturierungsfähiges Eiweiß vorhanden, kommt es zu einem phenolischen, leicht staubigen Mundgefühl. Ist mehr reaktives Phenol als Eiweiß vorhanden, kommt es zur Adstringenz und damit verbunden zur Oberflächenverkleinerung (Zusammenziehen der Mundschleimhaut) und einer dehydrierenden Wirkung des Phenols.
> Je länger der Wein reift, desto weniger Wirkung werden die Phenole an der Mundschleimhaut aufzeigen. Man spricht dann von runder, weicher oder reifer Gerbstoffstruktur bedingt durch Polymerisation.

Da Phenole zu den Antioxidantien gezählt werden, unterliegen sie im Reifeprozess (Oxidation) deutlichen Veränderungen. Man kann von mehreren 10 000 polymeren Strukturen innerhalb der Phenole ausgehen. Weiterhin gehen sie mit Säuren, Mineralstoffen und anderen Inhaltsstoffen Verbindungen ein, die sich sehr vielfältig in Mund und Nase darstellen. Neben der deutlichen Aromavielfalt, die sie mitbringen, schützen sie den Wein vor Oxidation, machen ihn haltbar (Reduktone).

Je jünger ein Wein ist, desto höher ist sein vorhandenes Oxidationspotential. Die Phenole entfalten ihre volle Wirkung im Mund. Die gerbige Eigenschaft kommt dann voll zum Tragen und die Schleimhaut reagiert mit adstringentem Verhalten (siehe auch 11.1.4 Seite 65).

Mittlerweile machen sich immer mehr Winzer diese Antioxidationseigenschaften der Phenole zu Nutze. Nicht nur traditionell im Rotweinbereich, sondern auch wieder vermehrt bei Weißweinen, wird durch kurze Maischestandzeiten etwas Phenol aus den Kernen und den Beerenhäuten in den Saft und somit in den Wein gelöst. Die Weine wirken stoffig, griffig (phenolisch) und volumenreicher. Die „klare Struktur“ frischfruchtiger Weißweine geht dadurch vielleicht etwas verloren. An vielen Beispielen lässt sich aber zeigen, wie durch kurze Maischestandzeiten das Volumen eines Weines verändert-, die Aromatik dichter wird und Säuren weniger irritierend wirken. Diese Effekte sind besonders ausgeprägt bei Weinen mit hohen Mineralstoffgehalten. Möglicherweise gibt es zu dieser Aussage von chemischer Seite her 1000 Argumente dafür und ebenso viele dagegen. Jahrelange Degustationsdisziplin mit akribischer und kritischer Evaluierung lassen jedoch eine solche Aussage zu.

8.6 Zusammenfassung – Sensoaktivitäten im Mund

Alles was im Mund passiert:

- **Schmecken:** Süß, Sauer, Salzig, Bitter.
- **Haptik:**
  Trigeminal: „Mouthfeel“, trigeminaler Reiz im vorderen Mundbereich durch Mineralität und Säurewirkung. Zähne fühlen sich belegt „silky“ an. „Tequilaeffekt“ (Ionisation).
  Vagal: Reizung im hinteren Mundbereich, verursacht durch Polyphenole (Gerbstoffe) und Zusammenziehen (Adstringenz) der Mundschleimhaut. Pelziges Gefühl.
- **Temperaturempfinden**
- **Konstistenzempfinden**
- **Umami**: Eigene Wahrnehmung für Wohlgeschmack, verursacht durch Glutaminsäure in Speisen.

9 Haptik/Mundgefühl

Die **Haptik** (Mundgefühl) des Mundes lässt sich in zwei Schwerpunkte einteilen:

Im **vorderen Mundbereich** ist es vor allem der Trigeminusnerv, der uns das Mundgefühl weiterleitet. Er reagiert auf Mineralstoffe, durch die sich dann die Zähne belegt anfühlen. Man vermutet hier, dass besonders Kaliumionen dieses Gefühl an den Zähnen verursachen. Die inneren Lippen fühlen sich zusätzlich leicht stumpf an.

Deutlich ausgeprägter ist dieses Gefühl noch mit deutlichen Säurewerten. Säuren und Mineralstoffe dissoziieren. Säuren können nur durch die Verbindung mit einer Mineralbase neutralisiert, d. h. in ein neutrales Salz überführt werden. Im Englischen wird dieses Gefühl als „silky" bezeichnet (s. Seite 43), also mit einem seidigen Gefühl wie man es kennt, wenn man mit rauen Händen an einem Seidenvorhang herabfährt. Beim Genuss von Rhabarber (Oxalsäure) und Spinat lässt sich ein ähnliches Mundgefühl wahrnehmen.

> Bewegen Sie Ihre Zunge über die Zähne und entlang Ihrer Lippen und Sie werden dieses leicht pelzige Gefühl nachvollziehen können.

Phenole und Säuren werden ebenfalls vom Trigeminusnerv erkannt.

Nervenendungen des Vagusnerves versorgen vor allem den **hinteren Teil des Mundes**. Das adstringente Gefühl der sich zusammenziehenden Schleimhaut wird oft auch als pelziges Gefühl beschrieben. Nach dem Genuss eines starken Espressokaffees erlebt man ein vergleichbares Gefühl.

Temperaturempfinden: Ein und derselbe Wein, bei verschiedenen Temperaturen genossen, stellt sich sehr unterschiedlich dar. Aromen verändern mit zunehmender Temperatur ihre Flüchtigkeit, Säuren schmecken weniger sauer und Mineralstoffe wirken intensiver und länger auf die Schleimhaut ein. Es kommt zu Verbindungen und Dissoziationen, Pufferungen, enzymatischen Wirkungen etc.

Konsistenzempfinden: Die Cremigkeit eines Weines ist von verschiedenen Faktoren abhängig. Bereits die Viskosität, das Fließverhalten des Weines aus der Flasche und im Glas, wird durch Zuckerstoffe, höherwertige Alkohole (Glycerin) und durch die vorhandenen Extraktstoffe im Wein beeinflusst.

Umami: Wahrnehmung für Nährstoff- und eiweißreiche Substanzen, oft assoziiert mit Wohlgeschmack. Wird verursacht durch Glutaminsäure in Speisen. Geringe Anteile wurden auch im Wein gefunden.

10 Beschreibungsmöglichkeiten von Wein

Wein zu beschreiben ist die häufigste Form der Mitteilung, um Weine in Charakter, Herkunft und Charakteristik zu kommunizieren.

Um nun diese Erkenntnisse auch in Worte zu fassen, braucht es einen Verkostungsstandard. Die folgenden Erläuterungen dienen der Wiederholung und Zusammenfassung.

Der Degustationsvorgang

Hier die am häufigsten angewendete Vorgehensweise beim Probieren von Wein:

Ob man besser in einer Kabine alleine probiert oder sich in der Gruppe auf ein Ergebnis einigt, wird sehr kontrovers diskutiert.

In der **Degubox** müssen alle Verkoster/Innen Kalibrationsmöglichkeiten zur Verfügung gestellt bekommen. Die Tests müssen normiert und einheitlich ablaufen sowie die Fragestellung klar definiert sein.

In einer **Gruppe** schwingt vor allem die Gefahr einer dominanten Persönlichkeit mit, die die anderen Mitverkoster/Innen manipulieren kann. Seriosität und Disziplin sind hier oberstes Gebot. Wenn alle Verkoster einer Gruppe ohne hedonistische Betrachtungsweisen einen Wein beurteilen, ist ein solches Ergebnis relativierter als ein arithmetisches Mittel aus Einzelverkostungen.

Was die Interpretationsgenauigkeit eines Ergebnisses betrifft, wird es immer Argumente für oder wider eine Verkostungsform geben. Bei internationalen Verkostungen hat sich die Gruppenverkostung etabliert, da unterschiedliche Sozialisierungen und unterschiedlich gewichtete Weinerfahrungen der Mitglieder sowie kulturelle Vorlieben oder Abneigungen leichter relativiert werden können. Das Ergebnis internationaler Verkostungen ohne Relativierungsmöglichkeit der eigenen Wahrnehmung ist von vielen weit auseinanderliegenden Ergebnissen geprägt.

Ein gemitteltes Ergebnis aus sehr unterschiedlichen Aussagen ist rein statistisch ähnlich dem, wenn alle Degustatoren im Mittelfeld einer Beurteilung liegen.

Beispiel:
Wenn 10 Verkoster mit ihren Ergebnissen alle zwischen 78 und 82 Punkten liegen, hat dies eine andere Aussage als wenn 5 von ihnen 90 und mehr Punkte und die anderen 5 weniger als 70 oder bis 65 Punkte zu einem Wein vergeben. Leider werden nur die Punkte veröffentlicht, obwohl die Ergebnisfindung die wesentlich interessantere Aussage wäre.

Abb. 8. Sensorikbox.

Abb. 9. Degustierende Gruppe.

10.1 Wahrnehmungsdynamik

Definieren der zeitlichen Folge der Wahrnehmung

1. Nase: Aromen im ungeschwenkten Glas.
2. Nase: Aromen im geschwenkten Glas. Mit Nasenirritation (Säure, Mineralstoff Alkohol).
3. Nase: Aromen nach mehrmaligen Schwenken des Glases.

Die Vorgehensweise kann man auch dokumentativ begleiten:
„Im ungeschwenkten Glas sind Aromen von … zu riechen“ usw.

1. Geschmack: Sensorische Analyse von süß, sauer, salzig, bitter.
2. Geschmack: Spontanes Mundgefühl + Geschmackseinheiten.
3. Geschmack: Nach dem Höhepunkt den Nachgeschmack, die Bitteranteile und den adstringierenden Effekt beurteilen sowie die Länge der Irritationen mit den Begleiteffekten wie Wärme und Volumenwirkung.

In einer seriösen Weinbeschreibung ist die Wiedererkennung des Weines das höchste Ziel.

Daher muss immer zielgruppenorientiert vorgegangen werden. Das heißt:

Für welchen Leserkreis wird eine Weinbeschreibung verfasst? Was soll damit bezweckt werden?

In einer Weinbeschreibung müssen die Dynamik der Inhaltsstoffe bzw. die Empfindungen, die durch die Weininhaltsstoffe ausgelöst werden, dokumentativ beschrieben werden. Danach können die Attribute der assoziativen Form und damit beurteilenden Art benutzt werden. Je bildhafter die Beschreibung ist, desto höher wird die Reproduktion sein.

> **Beispiel:**
> „Dieser Riesling riecht im umgeschwenkten Glas nach grünem Apfel und Zitrusvarianten und kribbelt an der Nasenspitze. Im geschwenkten Glas entfalten sich würzige Noten nach Rhabarber und weitere fruchtige Aromen nach Pfirsich. In der Nase entsteht ein seidiges Auskleiden.
> Der erste Eindruck im Mund ist geprägt durch eine vordere Säureirritation und einem deutlichen, sauren Schmecken. Süßes Schmecken und mineralische Wirkungen verleihen dem Wein eine dichte Intensität. Im Nachhall bleibt eine feine Säure-Mineralitätswirkung und retronasal werden blumige Aromen wahrgenommen.

Hedonistische Attribute haben in einer dokumentativen Weinbeschreibung keinen Platz. Sie finden Verwendung, wenn die persönliche Einschätzung gefragt ist und sollten dann immer mit: "Für mich ..." oder: „Meiner Meinung nach ..." beginnen.

10.2 Klarheit des Weines

Weißwein

positiv: brillant, glanzhell, strahlend, klar
negativ: noch transparent durchscheinend, blind, matt, stumpf, trüb

Rotwein

positiv: dicht, dunkel, anthrazit, gut gedeckt
negativ: durchscheinend, transparent, hell

Blitzblank oder brillant sind Weine, die im Gegenlicht funkeln und keinerlei Trübung aufzeigen. Als strahlend und klar bezeichnet man Weißweine, die aufgrund ihrer großen Dichte und damit verbundenen Farbtiefe viel Licht absorbieren und nicht den leicht brillanten Effekt zeigen. Klar und strahlend ist daher nicht negativ zu beurteilen. Transparente, matte und trübe Weine lassen zwar Licht durchscheinen, zeigen aber Trübungen, die oft Aufgrund von Eiweißinstabilität und Oxidationsprozessen entstehen oder auf unzureichende Filtration schließen lassen. Sie sind ein Fehler der visuellen Eigenschaften und müssen den Wein nicht unbedingt olfaktorisch oder gustatorisch beeinträchtigen.

Über die **Trübung** verrät der Wein Veränderbarkeiten, die bei darauf folgender degustatorischer Prüfung mehr Beachtung finden muss. Unfiltrierte Weine müssen nicht zwangsläufig schlecht beurteilt werden, nur weil Sie eine Trübung aufweisen. Viele qualitätsorientierte Winzer filtrieren ihre Weine nicht allzu scharf, da hierbei Aromen und schmeckbare, auch haptische Effekte verursachende Stoffe (Phenole, Mineralien) verloren gehen.

Mit einem trüben Wein im Glas, und das besonders bei Weißweinen, ist jedoch die Verbraucherakzeptanz sehr gering, weil Verdorbenheit mit der Trübung in Verbindung gebracht wird.

Mit dem **Weinstein** als Depot am Flaschenboden sind keine negativen aromatischen oder geschmacklichen Beeinträchtigungen verbunden. Beim Ausschenken darf der Weinstein nicht ins Glas gelangen. Flaschen mit Weinsteinablagerungen sollten dekantiert werden.

10.3 Farbe

Weißwein: Grüngelb; strohgelb; goldgelb; Bernstein
Rosewein: Blassrosa; hellrosa; himbeer-, erdbeerfarben; orange; lachs-, zwiebelfarbig
Rotwein: Hellrot, purpur, rubin-, ziegelrot

Weißweine

Von heller, fast weißlicher Farbe (oft bei jung gefüllten Weißweinen einfacher Qualitäten aufgrund hoher Erträge), über lindgrüne mit gelblichen, honigfarbenen Reflexen, bis hin zu bräunlichen Farbnuancen bei dichten, konzentrierten und gealterten Weinen. Die Farbe ist auch abhängig von der Sorte.

Weine mit Farbfehlern nennt man im Weißweinjargon „hochfarben". Es handelt sich um frühe und starke Oxidationen auf Grund längeren Luftkontakts und zu geringem Oxidationspotential bzw. zu später SO_2-Gabe. Im Gegensatz dazu können jüngere konzentrierte Weißweine ihre Farbtiefe auch durch die hohe Konzentration an Weininhaltsstoffen erhalten.

Rotweine

Die Farbnuancen reichen bei Rotweinen sorten-, herkunfts- und ausbaubedingt von hellem Rot über Purpur, Rubin, ziegelrot zu Anthrazit, bis hin zu rotviolett und Blaunoten. Ausschlaggebend sind die Farbpigmente, die sich in der Beerenhaut befinden. Je nach Maischebearbeitung und der damit verbundenen Extraktion wird sich die Farbtiefe verändern.

Moderne Verfahren der Maischeerhitzung ermöglichen eine hohe Farbausbeute bei gleichzeitigem Geringhalten der Gerbstoffe aus der Beerenhaut. Mit der Maischeerhitzung geht oft eine Violettfärbung der Weine einher. Die Violettfärbung bleibt auch bei Alterung erhalten, da bei der Erhitzung Enzyme zerstört werden, die den violetten Farbstoff normalerweise mit der Zeit abbauen. Bei manchen Rebsorten ist eine Violettfärbung sortenbedingt (Dornfelder, Färber ...). Frisch geschwefelte Rotweine sind farbärmer. Braunfärbungen sind, wie auch bei Weißweinen, alters- oder oxidationsbedingt. Lediglich bei der Pinot Noirrebe (Spätburgunder) dürfen sich schon bei jungen Weinen Zwiebelfarben oder orangene Reflexe einstellen.

Beim deskriptiven Gebrauch von Farbnuancen ist ein bildhafter Gebrauch der Farbpalette zur verständlichen Farbkalibrierung von Nutzen. Bildhafte Assoziationen z. B. von Früchten erhöhen den Wiedererkennungseffekt. Kirsche, Himbeere, Pflaume ..., Glutrot, Sonnenuntergangsrot, Feuerrot ... Hier verlässt man den rein beschreibenden Effekt und impliziert bereits emotionale Anteile (Erlebnis). Auch hier gilt: Je bildhafter die Sprache ist, desto genauer werden wir verstanden!

10.4 Viskosität

„Schnell und heftig, dominant, sehr präsent, vorhanden, verhalten, verzögert".

Auch hier sind bildhafte Assoziationshilfen vorzuziehen, weil sie der Wiedererkennung dienen, z. B. „ölige Konsistenz", „wässrig schnelles Ablaufen".

10.4.1 Schlierenbildung

Die Schlierenbildung sagt nur wenig über die Qualität eines Weines aus. Derselbe Wein in verschiedenen Gläsern zeigt oft deutlich unterschiedliches viskoses Verhalten. Dies ist bedingt durch vorhandene Alkohole, verschiedene Zuckerarten und Mineralstoffe. Auch Luftfeuchte, Temperaturdifferenz (Kondensation) und verschiedene Glasoberflächen beeinflussen diesen Effekt. Spülmittelreste in Gläsern nehmen die Oberflächenspannung und verhindern die Schlierenbildung (Oberflächenspannung wird verringert).

Da die Schlierenbildung sehr variantenreich und bei ein und demselben Wein in verschiedenen Gläsern in Zeit und Intensität sehr unterschiedlich sein kann, empfiehlt es sich, rein dokumentativ zu beschreiben:

„In meinem Glas entsteht eine schnell abfließende und dominante Viskosität". Oder „Bei einer -in meinem Glas- sehr verhaltenen Viskosität ...".

Folgerungen lassen sich tendenziell auf haptisch/taktile Effekte oder allgemein auf die inhaltsstoffliche Konzentration ableiten. Sie stützen sich auf empirische Erkenntnisse und lassen somit tendenzielle „Qualitätsvermutungen" zu. Auf Grund der großen Varianz im praktischen Gebrauch und nicht vorhandenen, messbaren und somit objektiven Größen zwischen Fließverhalten und Qualität können keine fundierten und allgemeingültigen Aussagen zwischen Fließverhalten und einer Qualitätsdefinition getroffen werden.

10.5 CO_2 (bei allen Schaum- und Perlweinen)

> Zu Beachten: Beim Einschenken junger, schonend verarbeiteter Weine, die wenig bewegt wurden, bilden sich oft am Glasboden kleine CO_2-Bläschen. Natürliches CO_2 ist als positiv zu beurteilen. Auch der Zusatz von CO_2 vor der Abfüllung junger, frischer Weine zeigt diesen Effekt.
> Schäumen Stillweine beim Einschenken, befinden sie sich oft in einer ungewollten Nachgärung oder durchlaufen einen Biologischen Säureabbau. Diese Art der CO_2-Bildung ist kritisch zu beurteilen.
> Jeder kennt die Wirkung von CO_2 auf die Mundschleimhaut beim Genuss von Sprudel, die durchaus auch schmerzhaft sein kann.

Kleine Perlen bedeuten: Hochwertige Qualität, weil die Lagerung des Weines bzw. Schaumweines auf der Hefe länger war als bei großen Perlen. Die **Perlage** oder das **Mousseux** ist weiterhin abhängig von Druck, Temperatur und dem eingearbeiteten Moussierpunkt im Glas sowie von der Oberflächenbeschaffenheit des Glases selbst. Kleine CO_2-Bläschen werden als dichter und weicher empfunden und daher oft als besser beurteilt.

10.6 Intensität/Nasengefühl/ Riechen/Geruch

Hier unterscheidet man wieder mehrere Phänomene, die parallel zueinander in der Nase ablaufen.

Zum einem ist es die **Aromadichte.** Hier wird nach der Aromavielfalt gefragt.

> **Beispiel:** Ein ganzer Blumenstrauß riecht dichter und nach unterschiedlichen Blumen, als eine einzelne Blume.

Aber auch eine einzelne Blume kann sehr intensiv riechen. Hier wird nach **Intensität** eines Duftes gefragt.

Oft stellt sich parallel zu den Düften auch wieder ein unterschiedliches Nasengefühl ein. Die unterschiedlichsten **Irritationen** können z. B. durch ätherische Öle, Harze und andere flüchtige Verbindungen entstehen, wie wir es z. B. beim Schälen einer Zwiebel erleben. Dieses „Stechen" oder „Kribbeln" oder wie wir diese Irritationen auch immer benennen, hat aber nichts mit Riechen zu tun. Über das Nasengefühl können wir jedoch sehr genau und selektiv Wirkungsweisen verschiedener Stoffe erkennen und ihnen zuordnen.

10.6.1 Irritation der Nase

Die Irritation entsteht durch Reizwirkungen auf die Nasenschleimhaut. Zu unterscheiden sind Art und Weise sowie die Lokalisation der Irritation. Die Mineralität eines Weines verursacht ein Austrocknen der **mittleren Nase bis zur Nasenwurzel** (hygroskopische und

Lokale, dynamische Irritationen bedingt durch sensoaktive Stoffe in der Nase.

Nasenspitze	→	Säuerewirkung
Nasenmitte	→	Mineralitätswirkung
hinterer Nasenraum	→	Alkoholwirkung (brandig)
Aromaaufnahme	→	Riechen
Signaltransduktion	→	taktiles Enpfinden durch Reizkonzentration

Abb. 10. Was alles in der Nase passiert.

osmotische Effekte). In Verbindung mit der Alkoholwirkung, die auch eine Wärmeentwicklung verursacht, entsteht ein cremig-zartes bis hartes, metallisch, raues Oberflächen-Empfinden. Die Alkoholwirkung in der Nasenschleimhaut wird im **hinteren Nasenbereich** wahrgenommen. Sie kann von leicht wärmend, voluminös auskleidend bis zu einer brandig-scharfen Empfindung reichen.

Säure verursacht im **vorderen Nasenbereich** ein Kribbeln bis hin zu einem stechenden Effekt. SO_2, Essigsäure und flüchtige Säuren (Essig- und Ameisensäure u. a.) werden als sehr stechend empfunden, zumal sie auch zusätzlich ein deutliches Aroma mitbringen. Zusammenfassend kann man die Intensität z. B. als verhalten, zart, dezent, dominant, ausgeprägt, auch als aufdringlich bezeichnen.

10.7 Aroma

Die Aromakomponenten eines Weines lassen sich in
- fruchtige,
- blumige,
- vegetabile,
- würzige,
- Röstaromaten,
- holzige,
- erdig-balsamische,
- animalische und
- chemische

Noten einteilen.

Da das Aroma eines Weines sehr komplex ist, ist es zum einen für die menschliche Nase nicht möglich, alle Aromakomponenten zu erfassen geschweige denn diese zu benennen. Die Aromaaufnahme über das Riechepithel ist logischerweise die Voraussetzung für die Aromaerkennung. Die Erkennung und Zuordnung ist abhängig von Erfahrung, Motivation, Systematik und Übung.

Laut neuesten Untersuchungen ist es dem Menschen auf Grund des kürzlich erst entschlüsselten Genoms nicht möglich, mehr als 10-12 verschiedene Aromen gleichzeitig selektiv aufzunehmen. Im Ablauf des Probierens, durch Schwenken, Temperaturveränderungen, verschiedene Gläserformen etc. lassen sich aber doch viele Aromen aufnehmen.

Dennoch sind Tausende verschiedener Aromakombinationen möglich. Mit systematischer Vorgehensweise lassen sich aus den verschiedensten Komponenten und Zusammensetzungen viele Eigenarten der Herstellung, Herkunft, Reife der Trauben, Ausbaustile und auch die Handschrift und der Wille (oder „Nichtwille“) des Winzers erkennen. Im Folgenden werden daher ganze Gruppen der Aromatik erläutert.

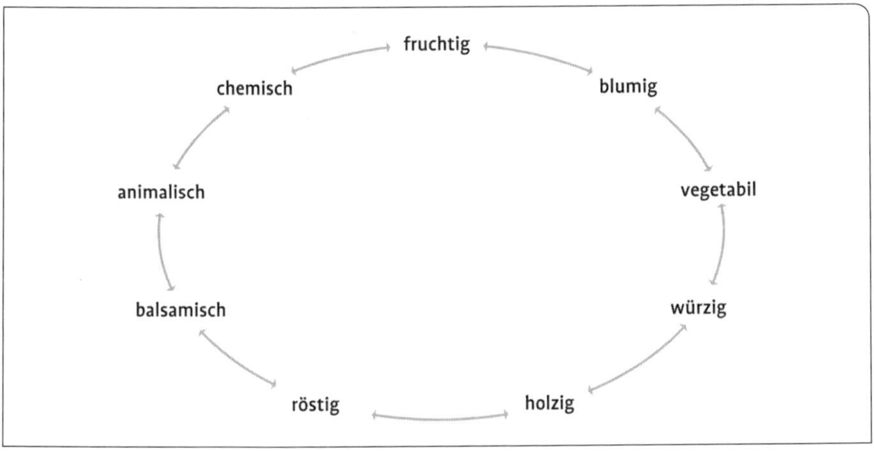

Abb. 11. Aromen

10.7.1 Fruchtige Aromen

Je reduktiver, d.h. je weniger Luft während der Gärung mit dem Most in Berührung kommt, desto höher ist die Ausbeute an fruchtigen Aromen. Verläuft die Gärung temperaturkontrolliert, bekommen die Aromen einen exotischen Touch, welcher bis zu Gummibärchen oder Eisbonbon gehen kann.

Die Hefen spielen hier eine große Rolle. Sie aktivieren das von der Rebe vorgegebene Potential. Enzyme wirken als Katalysatoren und verstärken oder verhindern gewisse Ausprägungen in der Aromatik.

Voraussetzungen für fruchtige Weine sind:

- gesundes Traubengut,
- physiologisch reifes Traubengut oder bewusst technologisch unreif,
- Oxidationsminimierung (schnelle Verarbeitung),
- kontrollierte Gärführung,
- absolute Hygiene im Keller.

Fruchtbetonte und reintönige Weine sind nie ein Zufallsprodukt, sondern immer das Ergebnis aus viel Erfahrung, äußerster Selektion und sauberem Arbeiten. Die meisten Weine werden als fruchtig beschrieben. Die Entwicklung, dass Weine fruchtig sein müssen, hat sich erst in den letzten 20-30 Jahren ausgeprägt. Die meisten Menschen bevorzugen fruchtige Weine vor anders riechenden Weinen deutlich. Daher wird alles getan, fruchtige Weine zu produzieren. Letztlich geht es um den Verkaufserfolg, und der ist mit fruchtigen Weinen einfacher zu erreichen als mit weniger fruchtigen. Hier wird auch nicht die Frage nach gut oder schlecht gestellt, sondern die Frage nach Differenzierung. Worin liegt im Vergleich unterschiedlicher Weine der Unterschied? (Siehe auch Terroirweine Seite 44.)

10.7.2 Blütige Aromen

Diese Aromen treten relativ selten sehr deutlich hervor. Einige Nebbiolos, Pinots, auch Müller-Thurgau und Silvaner bringen verschiedene blumige Noten als Primäraromaten mit. Hier ist auch der Traminer mit seinem Rosenaroma zu nennen. Vor der Einführung des Aromarades war jedoch der Duft eines Weines immer „blumig“. Gemeint war jedoch die Fülle der zu riechenden Aromen, in der Zusammenfassung als Bukett bezeichnet.

10.7.3 Vegetabile Aromaten

Sie finden sich oft in der Familie der Cabernet-Trauben. Grüne Noten sind sicher auch im Zusammenhang mit unreifem Lesegut zu sehen. Einen vegetabilen Touch erhalten Weine auch durch zu lange Maischestandzeiten, bei physiologisch unreifen Trauben, durch den Kontakt von Beerenhaut und Kernen sowie wenn die Trauben nicht entrappt wurden. Hierfür sind u. a. pyrazinische Verbindungen verantwortlich. Krautige Noten können auch aus wenig hygienischen Verhältnissen stammen. Die traditionelle Herstellung von Weinen wird immer auch vegetabile Noten im Wein hervorbringen.

10.7.4 Würzige Varianten

Sie kommen vor allem in vielen Bukettsorten vor, wie Muskateller, Gewürztraminer, Muskat-Ottonel, aber auch Kerner und Syrah lassen oft würzige Noten als Primäraroma erkennen. Phenole, Barriqueausbau sowie beginnende Oxidationen begünstigen würzige Aromen. Alle physiologisch reifen Beeren, die braune Kerne besitzen, werden eher würzige als vegetabile Noten hervorbringen.

10.7.5 Holzige, röst- und erdige Noten

Diese entstehen durch den phenolischen Eintrag während Maischestandzeiten und sicher ausbaubedingt. Sie sind den sekundären Aromen zuzuordnen. Verschiedene Holzarten und unterschiedliche Toastungsgrade der Barriques oder größerer Fässer prägen die unterschiedlichsten Röst und Holzaromen.

Erdige Aromen werden gerne in schwere, marmeladig wirkende Rotweine interpretiert. In Merlot- und Monastrellweinen lassen sie sich oft erkennen. Im Weißweinbereich ist es der Grauburgunder, der erdige Noten hervorbringt. Einige Oenologen behaupten, erdige Noten im Wein seien das Ergebnis unsauberen Arbeitens oder stammten aus faulem Traubengut. Aber auch einige Hefen begünstigen die Bildung erdiger Noten.

10.7.6 Balsamische Aromen

Sie sind „Reifearomen", die als Wachs, Heu oder Butter sicher während des Ausbaus entstehen. Auch die umstrittene Petrolnote beim Riesling wirkt bei niedriger Dosierung eher balsamisch als firn.

10.7.7 Animalische Noten

Bei den animalischen Noten scheiden sich die Geister nun völlig. An der Entstehung sind wilde Hefestämme wie (Brettanomyces) beteiligt. Frisch gerittener Gaul, Kuhstall, Katzenpipi, Leder und viele andere Assoziationen bringen viele Menschen zum Staunen, was man nicht alles im Wein entdecken kann. Ein mitleidiges Schmunzeln ist oft der Lohn seriöser Erklärungsabsichten, einen Wein in der Aromatik zu beschreiben. Wer einmal einen Wein mit Kuhstallnote gekostet hat, wird es sicher nie mehr vergessen. Diese Düfte im Wein sind jedoch in der Realität längst nicht so dominant.

Gerade bei diesem Beispiel zeigt sich, wie wichtig es ist, eine mengenmäßige Verhältnismäßigkeit zu dokumentieren. Was wäre ein reifer Barolo ohne Leder und einem Hauch Kuhdung im Bukett? Nichts mehr als eine auf modern gemachte Fruchtbombe, die es an jeder Ecke zu kaufen gibt.

> **„Die Menge macht die Attraktion eines Aromas"** (in Anlehnung an das oft gebrauchte Zitat von Paracelsus).

10.7.8 Chemische Noten

Die Gruppe der „chemischen" Noten erinnert an Essig, Aceton, Benzin, Klebstoff und andere Gerüche, die bei aller Toleranz wirklich nicht von gekonntem Handwerk zeugen. Nichtsdestotrotz kommt es nicht selten vor, dass sich solche Gerüche in Weinen finden lassen.

10.8 Aromaeinteilung nach seiner Entstehung

Aromen lassen sich nach dem Aromarad einteilen und zuordnen und zusätzlich nach Entstehung, Vorkommen und Entwicklung zusammenfassen.

Primäraromen: sind Aromen, die sich bereits in der Traube befinden. Diese Riechstoffe sind bereits vor der Gärung wahrnehmbar und charakterisieren eine Traubensorte. Mit Primäraromen sind diejenigen gemeint, die eine Rebsorte als Sortentypus mitbringt. Eine Rieslingtraube hat ein anderes Aroma als ein Grauburgunder oder ein Cabernet Sauvignon. Statistisch kann man jedoch nicht von typischen Primäraromen sprechen!!

Die Vielfalt der vorhandenen Aromen (300-450) und deren Kombination lassen solche Aussagen eigentlich nicht zu. Die vermeintliche Häufung wiederkehrender Aromawahrnehmungen zu jeweils einer Sorte ist höchst subjektiv empirisch, oft hedonischer Natur, jedenfalls nicht signifikant in ihrer Wiederholungsfrequenz.

Die Aromatik ist abhängig von sehr vielen variablen Faktoren, wie Vinifikation (Hefe und Reduktion), Menge, Ertrag, Hygiene im Keller ... usw. Hier trotzdem der Versuch, bei z. Zt. anerkannten Vinifikationen folgende Aromen zuzuordnen:

- Riesling: Zitrus, Apfel, Pfirsich
- Grauburgunder: Kastanie, Kokosnuss, Mandel, Holunder
- Gewürztraminer: Rose, Ananas, Akazie, Grapefruit
- Scheurebe: Schwarze Johannisbeere, Mandarine, Birne
- Weißburgunder: Apfel, Mango, Walnuss, Aprikose

Am besten ist es, wenn jeder sich seine eigenen Aromaassoziationen zu einer Rebsorte merkt. So fällt es auf Dauer am leichtesten, diese Sorten auch wieder zu erkennen.

Sekundäraromen: Aromen, die durch die Gärung gebildet werden.

Zum traubeneigenen Erkennungsduft kommen Düfte wie Hefe, Teig, Butteraromen (BSA) oder Kocharomen (bei zu hohen Gärtemperaturen). Während und kurz nach der Gärung entstehen auch Fehlernoten wie H_2S-Verbindungen (fauler Eiergeruch), Sauermilchgeruch, Essiggeruch ...

Tertiäraromen: Aromen, die während der Reifung eines Weines gebildet werden.

Erdige Aromen, Mandel oder Nussaromen werden z. B. durch beginnende Oxidationen verursacht. Alterungsnoten wie Firne oder Petrolnoten entstehen bei weiter fortschreitender Oxidation. Die Petrolnote entsteht begünstigt durch karotinoide Verbindungen, die durch das Entblättern der Stöcke als Sonnenschutz in die Beerenhaut (ähnlich der roten Farbe der Tomate) eingebaut werden. Holznoten verschiedenster Intensität entstehen durch den Ausbau im Holz oder Barrique.

10.9 Das Aromarad

Das bekannteste Medium ist sicher das Aromarad von Anne Noble (American Society of Enologists and Viticulturists). Im Wein riechbare Aromen werden in Gruppen und Untergruppen eingeteilt, denen wieder exakte Aromenbenennungen folgen. Alle verschiedenen Weinaromen werden in Obergruppen wie „fruchtig, blumig, würzig" etc. zusammengefasst und ausgehend von diesen werden Untergruppierungen wie „exotisch fruchtig" oder „marmeladig fruchtig" benannt. Von den Untergruppen ausgehend lassen sich dann letztlich detaillierte Bezeichnungen wie Maracuja oder Kirschmarmelade ablesen.

Es bereitet den ambitionierten Weintrinkern sehr viel Spaß, „eigene" Aromen mit dem Aromarad wieder zu finden. Die systematische Vorgehensweise birgt auch einen sehr guten Lerneffekt. Die Wortwahl wird erleichtert und es lassen sich damit sehr gut Assoziationen trainieren.

10.10 Erweiterter Aromakreis

Da das Aromarad sehr abstrakt ist und es dieses mittlerweile in vielfacher Ausführung gibt, hat Kurt Gibel in seinem Buch „Weine degustieren" den Weg der gegenständlichen Assoziationshilfe gewählt und einen erweiterten Aromakreis entwickelt.

Mit Abbildungen zu jedem genannten Duft lassen sich im Aromakreis durch den zusätzlichen visuellen Eindruck Düfte besser merken und zuordnen. Es entsteht ein Kalibrationseffekt. Die Zuordnung eines Duftes zu einer abgebildeten Frucht oder Blume scheint einfacher zu sein als die reine Bennennung. Beim Aroma „Apfel" assoziieren verschiedene Menschen sicher unterschiedliche Gerüche. Den Apfel gibt es nicht als Einzelaroma sondern es gibt Aromen unterschiedlicher Apfelsorten, von unreifen Äpfeln, überreifen Äpfeln, Apfelmus, etc.

Auch mit den Assoziationshilfen wie dem Aromarad oder dem Aromakreis ist die regelmäßige Übung absolut notwendig, um zu einem nachvollziehbaren und kommunizierbaren Ergebnis bei der Aromabenennung zu kommen.

10.11 Traubenunabhängige aromabeeinflussende Komponenten beim Wein

Auf der Suche nach greifbaren und nachvollziehbaren Begründungen der Aromabeeinflussung wird man merken, dass es trotz maximaler Einflussnahme durch den Menschen, z. B. während des Verarbeitungsprozesses im Keller, auch natürliche Parameter gibt, die die Aromenvielfalt sowie deren Intensität im Wein beeinflussen.

Allen voran steht der **„Jahrgang"**. Auf Sonnenscheindauer, Temperatur und Trockenheit oder zu viel Wasser reagiert die Rebe mit Überreife oder Reifeverzögerung. Was einen „guten" oder „schlechten" Jahrgang ausmacht ist jedoch hier nicht die Frage. Es kommt wie immer darauf an, welche Faktoren in der Rebe wie beeinflusst wurden und mit welchen Konsequenzen danach zu rechnen ist.

10.11.1 Klimazonen

Kalt-warm. Je kühler eine Rebe wächst, desto mehr Säure wird später im Wein zu finden sein. Der Säureanteil bestimmt bei entsprechenden langsamen und kühlen Gärverläufen fruchtige Weine. Je wärmer das Klima ist, desto weniger Säure aber auch weniger Fruchtaromen wird ein Wein mitbringen. Der Säureerhalt erfolgt über kühle Nächte, in denen der Grundumsatz der Rebe heruntergefahren wird. Säure bedeutet für den Organismus Rebe in erster Linie eine einfache Energiequelle.

10.11.2 Terroir – Standort, Boden und Klima

Der Boden und das Klima als Standortfaktoren beeinflussen mit spezifischem Klima die Aromatik. Durch wissenschaftliche empirische Studien wurde gezeigt, dass der Boden vor allem die Mineralität im Wein beeinflusst. Da man Mineralität nicht riechen kann, ist der Standort in Bezug auf den Duft wenig ausschlaggebend. Dies ist eine Aussage, die man nicht anders dokumentieren kann.

Natürlich wäre es viel einfacher, von dem „Duft des Terroirs" zu reden. Dies wäre aber unseriös und in keinster Weise wissenschaftlich. Parallele Studien wollen empirisch nachgewiesen haben, dass sich auch die Aromatik der Trauben aufgrund der Bodenbeschaffenheiten ändern.

10.11.3 Oxidation-Reduktion – Trauben und vinifikationsspezifische Beeinflussungen der Wein-Inhaltsstoffe

In den letzten Jahren hat die Bedeutung der Kellerwirtschaft, also des Ausbaus der Weine, immer mehr zugenommen. Es werden immer kleinere Details bekannt, die die Aromatik der Weine beeinflussen. Vor allem die Unterschiede zwischen oxidativem und reduktivem Ausbau machen sich in der Aromatik der Weine deutlich bemerkbar. Je reduktiver, d. h. je weniger Sauerstoff während des Ausbaus auf den Wein einwirken kann, desto klarer und brillanter stellen sich die Weine dar. Allerdings verlieren sie durch den reduktiven Ausbau auch oft an aromatischer Tiefe und Komplexität (Aromadichte). Der reduktive Ausbau findet vornehmlich im Stahltank statt. Je oxidativer der Ausbau, d.h. je mehr Sauerstoff auf den Wein einwirken kann, desto reifer, würziger und weniger frischfruchtig wirken die geruchlichen Komponenten im Wein. Der oxidative Ausbau findet vornehmlich im Holzfass statt.

Hier ist jedoch anzumerken, dass auch der Ausbau im Barrique durchaus reduktiv sein kann, da phenolische Substanzen antioxidative Wirkung zeigen. Moste mit Maischestandzeiten (phenolischer Eintrag) mit anschließendem Ausbau im Stahltank sind auf jeden Fall als reduktiv anzusehen, obwohl die Weine weniger brillant wirken.

Auch die Schritte vor der Entscheidung Holzfass oder Stahltank können reduktiv oder oxidativ verlaufen. Auch hier kann es nicht um „gut" und „schlecht" gehen, sondern nur darum, wie sich ein Produkt durch welchen Einfluss verändert.

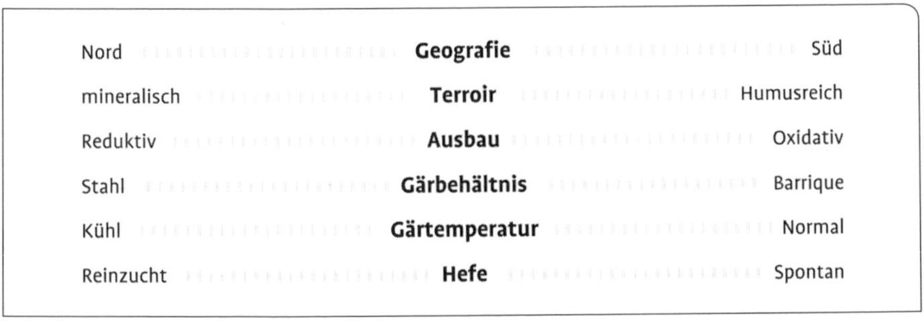

Abb. 12. Traubenunabhängige Einflüsse auf das Aroma des Weines.

10.11.4 Hefeeinsatz – Reinzuchthefe oder Spontanvergärung?

Die Hefen wirken wie Katalysatoren bei der Aromaaktivierung. Unter den natürlichen Hefen, die sich physiologisch auf der Beerenhaut befinden, gibt es Stämme, die neben fruchtigen Aromen auch die Entstehung balsamischer, tierischer und „übel“ riechender Aromen begünstigt. Das Aromabild ist komplexer als bei Weinen, die „nur“ mit einer Hefe vergoren wurden. Weine, die mit Reinzuchthefen entstanden sind, wirken klarer, brillanter und sind meist in der Aromadeutlichkeit dominanter ausgeprägt.

Hefearten. Das Aroma der Weine wird auch durch die Auswahl der Hefen, mit denen die Moste vergoren werden, stark beeinflusst. So genannte **Reinzuchthefen** sind verantwortlich für die klare Präsenz fruchtig riechender Aromen. Der Einsatz dieser mittlerweile in vielen verschiedenen „Aromavarianten“ angebotenen Hefen verändert oder beeinflusst die Aromatik eines Weines deutlicher und ist prägender für den zukünftigen Wein als die meisten der oben genannten Faktoren zusammen.

Bei einer sogenannten **Spontanvergärung** macht man sich die natürlicherweise auf der Traubenhaut lebenden Hefen zunutze. Allerdings ist die Vielfalt der „wild“ lebenden Hefetypen und somit die Aromenvielfalt groß. Durch „wilde“ Hefen entstehen eher würzige, vegetabile, balsamische und leider manchmal auch weniger angenehm beurteilte Aromen wie Schweiß und Leder im Wein. Allerdings sind natürliche Hefen ein echter Beitrag zum Terroir, denn diese entwickeln sich sehr abhängig von den regionalen Gegebenheiten.

Wie mit einem Puzzle kann man jetzt die unterschiedlichsten Faktoren zu einem Bild zusammensetzen. Es lassen sich so aufgrund der Aromastruktur der Weine deutliche Aussagen über Herkunft, Entstehung des Weines und der Rebsorte machen. Manchmal erkennt man sogar die „Handschrift“ eines Winzers.

Schlechte Weine gibt es mit natürlichen Hefen genauso wie mit Reinzuchthefen. Strikte Hygiene ist stets die Voraussetzung für „guten“ Wein. Die Unterschiedlich- und Vielfältigkeit spontan vergorener Weine ist aber immer wieder faszinierend.

10.11.5 Barrique

Das kleine Holzfass, meist aus verschiedenen Eichenhölzern gefertigt, prägt die Weine nachhaltig. Zum einen über die Aromatik zum anderen über Holzstoffe (Phenole), die den Wein vor Oxidation schützen und das Mundgefühl phenolisch bis adstringent werden lassen.

Bei der Fassproduktion werden die Bohlen durch ein Feuer in der Mitte des Fasses erwärmt und so biegsamer gemacht. Neben der entstehenden Röstaromatik wird auch Lignin in Vanillin verwandelt und die in einem solchen Fass ausgebauten Weine riechen nach holzigen, röstigen und würzig-vanilligen Noten.

Alle der oben genannten Einflüsse können unterschiedlich stark ausgeprägt sein. Gerade hier ist die quantitative Beschreibung der Aromen äußerst wichtig, um nicht den Eindruck zu erwecken, dass es sich um statische Anteile im Wein handelt.

10.11.6 Gärtemperatur

Die Temperatur des Gärverlaufs beeinflusst die Geschwindigkeit des Gärvorgangs und dadurch die Aromatik des Weines. So sind zum Beispiel die Kaltgäraromen in aller Munde. Der Weinkenner weiß, dass es sich bei den Kaltgäraromen um Eisbonbon- oder Gummibärchenaromen handelt. Wie kommen diese in den Wein?

Vor mehr als 100 Jahren wurde bereits beobachtet, dass in den tiefsten und somit kältesten Kellern die fruchtigsten Weine entstehen. Der Zusammenhang zwischen kalt und fruchtig besteht in der möglichen „Veresterung" von Fruchtsäuren und Alkohol während der alkoholischen Gärung. Diese Stoffe benötigen eine gewisse Zeit, bis sie sich „gefunden" haben. Die Verlängerung der Gärzeit durch Kühlung der Fässer oder Tanks lässt mehr dieser fruchtig riechenden Ester entstehen. Eigentlich müssten die Aromen nicht Kaltgäraromen sondern „Langsamgäraromen" heißen.

11 Zusammenfassung Weinkommunikation

11.1 Schlagworte der Weinsprache

Um die Wiedererkennung von Weinen zu ermöglichen, werden hier Schlagworte der Weinsprache näher erläutert:

11.1.1 Reintönigkeit

Sie bezieht sich auf Vinifikation, Sortentypus und herkunftsbezogenen Dufttyp. Eine Beschreibung von „reintönigen" Weinen könnte sich folgendermaßen anhören: „Moderne Vinifikation durch temperaturkontrollierte Gärmaßnahmen mit klassischem Sortentypus, z. B. Riesling mit Zitrus-, Apfel-, Pfirsicharomen und dem Duftspektrum z. B. Mittelmosel. Oder „Chardonnay modern vinifiziert mit Aromen von Birne Mandel, reifer Apfel bis Banane mit klassischem Spektrum Veneto ... oder klassischer Gärführung mit mehr vegetabil- bis metallischen Assoziationen bei Riesling oder grüneren und weniger fruchtigen Noten bei Chardonnay".

Die Gesamtheit der Aromen kann man entsprechend ihrer Konzentration zusammenfassen und als verhalten, zart, dezent, dominant, ausgeprägt, aufdringlich etc. bezeichnen.

Ein Aufsplitten des Gesamteindrucks ist zur Erhöhung des Wiedererkennungseffektes unerlässlich. Je allgemeiner eine Aussage, desto nichts sagender die Inhalte der Aussage.

11.1.2 Entwicklungsstadium

Den Reifegrad eines Weines kann man entsprechend der Aromaassoziation in
- jugendlich-hefig,
- geprägt von Primäraromen,
- gereift,
- reif,
- auf der Höhe seiner Entwicklung,
- alt,
- firn,
- oxidativ

einteilen. Die anderen schmeckbaren Komponenten sind ebenfalls mit zu beurteilen. Hier besonders die vorhandene Säure, die oft über Jugendlichkeit oder Reifestadium Auskunft geben kann. Aus der Intensität der Irritationen und dem Duftspektrum lässt sich auch auf das Zusammenspiel der Komponenten hinweisen:

„Komplexer Wein mit gutem Entwicklungspotential durch große Aromenvielfalt".

11.1.3 Mundgefühl/Irritation Mund

Entsprechend den Irritationen der Nase gibt es auch Irritationen der Mundschleimhaut. Sie lassen sich in spezifische Wirkungen der jeweiligen Inhaltsstoffe einteilen. Hier sind besonders die unterschiedlichen Säuren, Phenole und Mineralien zu nennen, die selektiv und in Kombination die unterschiedlichen Schleimhautreaktionen verursachen. Meist handelt es sich um eine „Oberflächenverkleinerung" der Mundschleim (damit weniger der Stoffe wirken können), das wir als Zusammenziehen, sei es im vorderen oder hinteren Mund, besonders lokal feststellen können. Auch hier muss man die Lokalisation und einen möglichen dynamischen Verlauf des Ereignisses benennen.

11.1.4 Gerbstoffe

Adstringent: spröde, spitz, hart, grün, seidig, samtig, weich, rund, pelzig kratzig wirkende bisweilen bitter schmeckende Kombinationen, eingebunden/nicht eingebunden. Die adstringenten Empfindungen stellen sich meist im hinteren Mundbereich ein. Für das bittere Schmecken sind Geschmacksknospen auf der Zunge zuständig. Diese Empfindung geht zwar auch mit einer Oberflächenverkleinerung der Mundschleimhaut einher, hat aber seine Ursachen in der Denaturierung des die Rezeptoren schützenden Mundspeicheleiweißes. Erst wenn mehr phenolische Aktivität als Eiweißkomponenten im Mund vorhanden sind, kommt es zu dem „gerbigen" Mundgefühl.

> Dieses bitte nicht verwechseln mit der Säureirritation der Mundschleimhaut.

11.1.5 Harmonie

Einzelkomponenten sind gut ausbalanciert und bilden eine dynamische Linie. Gleichmäßiges Erleben im Mund ist gewährleistet. Der Wein ist „ohne auffallende Ecken und Kanten". Der Begriff Harmonie soll hier nicht als hedonistischer Wert verstanden werden sondern die ausgeglichenen Wirkungsweisen der Inhaltsstoffe beschreiben.

11.1.6 Potential

Potential bedeutet hohe Inhaltsstofflichkeit im Wein, wie Extrakt, Säuren, Alkohol, Gerbstoffe ...

– 1 Zeile

Dadurch sind das Oxidationspotential und damit verbunden die Lagerfähigkeit höher. Da keiner in die Zukunft schauen kann, lässt sich nur eine Aussage darüber wagen, wie lange sich der aktuelle Zustand eines Weines erhalten wird. Aufgrund der chemisch analytischen und erkannten sensorischen Faktoren des Redoxpotentiales, wie Phenole, vorhandener Alkohol oder Extraktwerte, lassen sich Aussagen bezüglich der Stabilität eines Weines tätigen. Gemeint sein kann nur die Erhaltung des Weines im jetzigen Zustand.

11.1.7 Abgang/Nachhall/Finale

Der Nachhall wird zeitlich bei verschiedenen Instituten und Nationalitäten unterschiedlich beschrieben. Es gibt keine einheitliche Definition. Sinn machen würde es, einen nach Sekunden eingeteilten Nachgeschmack mit entsprechenden, nicht den olfaktorischen bzw. gustatorischen Bereich betreffenden Erlebnissen zu beschreiben. Es ist leider nicht festgelegt, wann der Nachhall anfängt oder aufhört. Ob ein Nachhall entsprechend lange oder kurz ist, bleibt eine persönliche Beurteilung und ist auch immer persönlich zu begründen: „Für mich hat der Wein einen langen/mittleren/kurzen Nachhall." Als „deutlichen Abgang" könnte man bezeichnen, wenn alle Inhaltsstoffe und deren Wirkung lange vorhanden sind. **Zeitkomponente** (in 3-Sekunden-Schritten). In Frankreich gibt es eine Tradition, das nachhaltige Empfinden in Sekunden zu messen.

11.1.8 Charakteristik, Typizität (Rebsorte, Region)

Hier soll die Frage geklärt werden, wie sich ein Wein darstellt:
- Dynamisch,
- zurückhaltend,

- plump,
- schwer,
- athletisch,
- leicht fruchtbetont,
- verhalten parfümiert ...

Hier dürfen Sie Ihrer Kreativität freien Lauf lassen. Begründen Sie Ihre Aussage und man wird Sie besser verstehen.

11.1.9 Typizität

Ein strapaziertes Wort, da es nicht ganz einfach ist zu definieren, was denn typisch sein soll? Zu komplex sind die Ausprägungen eines Weines, um ihn auf wenige Punkte zu reduzieren. Am folgenden Schaubild lässt sich erkennen, wie man Typizität erklären könnte. Aus den dominantesten Anteilen eines Weines lässt sich eine gemeinsame Schnittmenge festlegen, die im Vergleich mit ähnlichen Weinen und vergleichbaren Macharten oder Herkünften wiederkehrende Muster erkennen lässt. Diese gemeinsame Schnittmenge

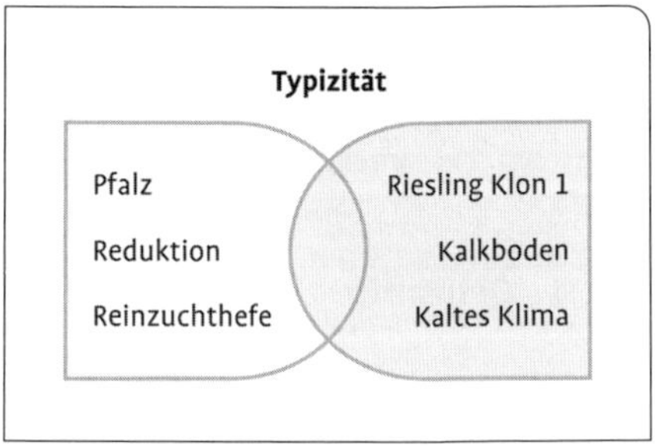

Abb. 13. Typizität.

lässt sich auch deutlich kommunizieren, da zuvor die Weine sensoanalytisch differenziert wurden und so die Inhaltsstoffe quantitativ bekannt wären.

11.1.10 Statement

Am Schluss einer Beschreibung lassen sich in einem prägnanten Statement die Weine in ein bis zwei Sätzen beschreiben. Nennen Sie in einem Statement die für Sie am wichtigsten erscheinenden Elemente des Weines!

12 Praktische Tipps

Wie Sie die einzelnen Stoffgruppen zu Hause zur selektiven Wahrnehmung herstellen können, um sie unterscheiden zu lernen.

12.1 Aromen

Aromen das sind verschiedene Stoffgruppen, die ausschließlich gerochen werden kön-nen, die jedoch mehr als 90 % der Typizität eines Weines ausmachen. Das bedeutet, dass sich ein Produkt, das wir essen oder genießen, sich fast ausschließlich über die Aromen zu erkennen gibt. Man kann sie in Aromengruppen unterteilen. Sie können sich leicht ein Aromen-Übungsinstrumentarium erstellen, um Ihre Wahrnehmung selbst zu schulen.

Nehmen Sie (technisch saubere) Rot- und Weißweine verschiedener Sorten und füllen Sie sie in saubere Schraubgläser. Danach legen Sie je nach Aromentypus, den Sie erreichen wollen, eine Frucht, eine Blüte, Gemüse, Gewürze, Kaffee oder Vanille in den Wein ein und lassen Sie das Ganze etwa drei bis fünf Stunden einwirken. Der Wein wird zum eigenen das zugesetzte Aroma zeigen. Nummerieren Sie die Gläser und seihen sie die Flüssigkeit in große Weingläser, die Sie auch kodiert haben. Nun kann das Aromenraten losgehen. Am besten macht man dies in der Gruppe und versucht als erstes den Gläsern Aromengruppen (frisch-fruchtig, blumig, Röstaroma, etc.) zuzuordnen bevor man sich an das eigentliche Aroma macht. So erlernen Sie die Kontrolle über Ihr Geruchsvermögen und trainieren vor allem das sprachliche Ausdrücken der Wahrnehmung. Ich empfehle Ihnen, immer natürliche Aromen in Wein zu extrahieren anstatt auf sogenannte Reinaromen in Fläschchen zurückzugreifen. Der Lerneffekt ist größer, da Sie aus dem gesamten Duftspektrum eines Weines ein Aroma herausfiltrieren müssen.

12.2 Schmeckbare Inhaltsstoffe

Auch die schmeckbaren Inhaltsstoffe des Weines lassen sich praktisch an verschiedenen Beispielen erkennen und deren Quantifizie-

Besorgen Sie sich in der Apotheke 10 Gramm Weinsäure und 10 Gramm Äpfelsäure. Lösen Sie je etwa die Hälfte der Kristalle in zwei verschiedenen 0,7-Liter-Flaschen mit normalem Leitungswasser auf. Nun haben Sie eine Lösung aus Äpfelsäure und eine aus Weinsäure in gleichen Verhältnissen. Probieren Sie nun die verschiedenen Lösungen. Sie werden erstaunt sein, wie unterschiedlich diese beiden schmecken und wirken werden. Mit etwas Übung erkennen Sie diesen Geschmack auch später in verschiedenen Weinen wieder und können so eine tendenzielle Aussage über die Säureart und über den Reifezustand der Trauben wagen. Verdünnen Sie auch einmal die Säuren unterschiedlich und versuchen Sie durch bloßes Schmecken, Lösungen nach ihrer Konzentration in einer Reihe mit aufsteigendem Säuregehalt anzuordnen. Sie werden dadurch sehr schnell ein Gefühl dafür bekommen, welche Weine viel oder wenig Säure haben. Für die Hobbychemiker gibt es auch einfache Chemikalien, um den Säuregehalt eines Weines zuhause zu analysieren und sich dadurch zu kontrollieren.

rung trainieren. Süß, sauer, salzig und bitter sind die Geschmacksarten, die wir über unsere Zunge erkennen können. Über die Zunge können wir keine Aromen wahrnehmen. Aromen werden ausschließlich gerochen und nicht geschmeckt!!

Im Folgenden geht es also um die schmeckbaren Inhaltsstoffe im Wein.

12.2.1 Die Säuren

Die **Wein- und die Äpfelsäure** sind die häufigsten im Wein vertretenen Säuren. Die Äpfelsäure wirkt etwas härter und spitzer im Mund. Sie verursacht am Gaumen und an der Mundschleimhaut „Irritationen", die den Speichelfluss oder ein deutliches Prickeln hervorrufen. Das saure Schmecken ist ausgeprägter als bei der Weinsäure. Die Weinsäure wirkt etwas runder, weniger aggressiv und schmeckt nicht ganz so sauer. Weine, die aus früh gelesenen Trauben gewonnen wurden, also etwas mehr Äpfelsäure besitzen, wirken im Mund etwas spitzer.

Wie kann man sie nun auseinanderhalten?

Je mehr Sie üben, aufschreiben und dokumentieren, wie stark oder schwach ein Wein sauer geschmeckt hat, desto sicherer werden Sie in Ihrer Beurteilung über einen Wein. Am besten tragen Sie Ihren Geschmackseindruck in einer Skala von 1 bis 10 ein und versehen den Punkt mit einer Nummer, unter der Sie

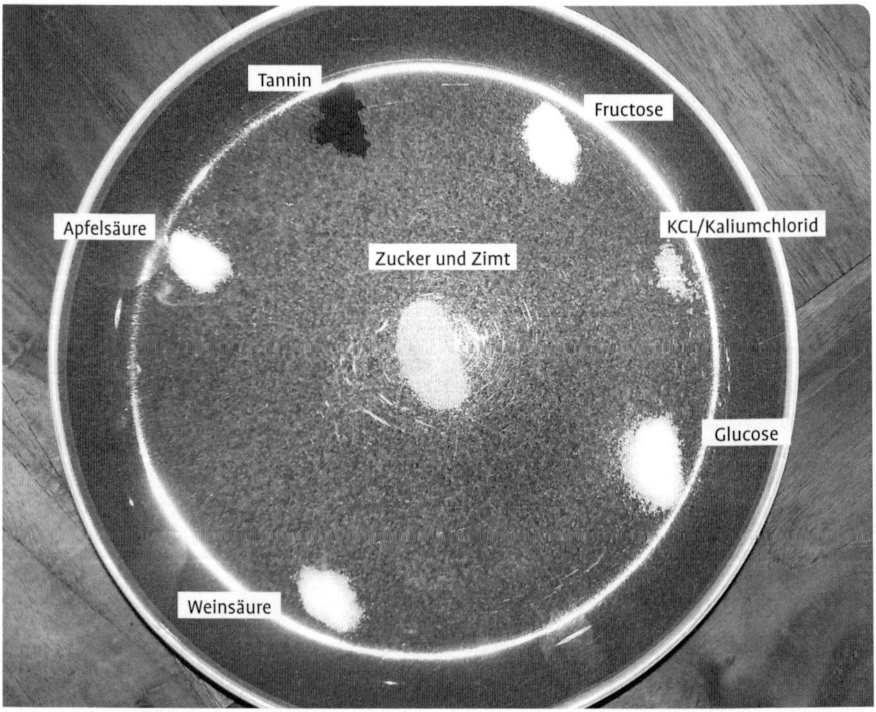

Abb. 14. Probenteller. Mit einfachen Mitteln, wie schmeckbare Einzelstoffe auf einem „Probenteller", lassen sich eindrucksvoll die Unterschiede erkennen.

dann Ihre Notizen vornehmen. Vergleichen Sie Ihre Aufzeichnungen mit denen Ihrer Freunde und sprechen Sie darüber, wie stark oder schwach Ihr Eindruck war.

12.2.2 Zucker

Die wichtigsten Zuckerarten im Wein sind Fruktose und Glukose. Die Traube bringt beide Zuckerarten je zur Hälfte mit. Während der Gärung vergärt zuerst die Glukose, dann die Fruktose. Hat ein Wein eine natürliche Restsüße, wird es immer die Fruktose sein. Ist dem Wein nach der Gärung Süßreserve zugesetzt worden, wird es immer ein Gemisch aus Fruktose und Glukose sein. Wie kann man beide Arten auseinander halten?

> Besorgen Sie sich auch hier wieder in der Apotheke oder Drogerie Fruktose und Glukose. Gehen Sie vor wie bei der Säure und stellen Sie sich zwei verschiedene Lösungen her. Die Lösungen sollten mindestens vier Gramm Zuckerstoff pro Liter enthalten. Da die Fruktose fast doppelt so süß und weniger klebrig wirkt als Glukose, werden Sie beide Zuckerarten voneinander unterscheiden können. Diese Übungen können Sie mit unterschiedlichen Zuckerkonzentrationen durchführen und dadurch schnell lernen, Zuckergehalt und Zuckerart im Wein zu erkennen.

13 Nachwort

„Der Mensch ist nicht zu ersetzen!" Das gilt zumindest beim Wein genießen und beurteilen. Der vor kurzem in Japan entwickelnde Wein-Roboter kann kaum 20 verschiedene Geschmacksrichtungen unterscheiden. Zweifellos eine tolle technische Leistung, aber geradezu lächerlich verglichen mit den Fähigkeiten eines geübten Weinkenners.

Bei aller Analyse und dem Wunsch, alle sensorischen Attraktionen zu verstehen und nachvollziehbar zu machen, bleibt „Wein trinken" ein kommunikatives Miteinander. Es soll in erster Linie Spaß bereiten.

Ich wünsche Ihnen viel Freude beim Umgang mit Wein und Ihren sensorischen Fähigkeiten!

14 Food Pairing – Essen und Wein

Welcher Wein passt zu welchem Essen? Eine Frage, die in vielen Abhandlungen und Kochbüchern versucht wird, zu beantworten. Es gibt viele Meinungen darüber, wie diese beiden Partner zu kombinieren sind. Oft fällt bei dieser Thematik das Wort „passen". Es wundert mich regelmäßig mit welcher Selbstverständlichkeit Menschen sich anmaßen, für andere zu bestimmen, was denn nun passend und weniger passend sein soll.

Was bedeutet „passen"?

Welche Beurteilungsparameter gibt es, um eine Speise oder einen Wein als passend zu klassifizieren? Neben den effektiven sensorischen Inhaltsstoffen von Speisen und Wein sind es vor allem die verwendeten Worte, die genau unter die Lupe genommen werden müssen, mit denen die Kombinationen beschrieben werden. Die „sensorische Analyse" von Speisen und Weinen geht mit einer kritischen und analytisch definierten Sprache einher, die versucht, nicht interpretativ sondern dokumentativ Schmecken zu beschreiben. Wie schon im Wein-Sensorikteil dieses Buches, wird auch hier auf eine sprachliche Trennschärfe Wert gelegt. Ziel ist es, Speisen und Weinkombinationen in ihrer Wirkungsweise darzustellen, quasi zu systematisieren, um bereits in der Planungsphase eines Menus zu wissen, wie die Kombinationen schmecken werden.

Es soll im Folgenden nicht um Bewertungen oder Abstufungen von mehr oder weniger „harmonisch" oder „passend" gehen. Harmonisch oder passend zu definieren ist schlicht unmöglich, weil es sich hierbei um absolut subjektives Genussverhalten handelt.

Es soll vielmehr um eine Systematik gehen, bei der sensorisch analytische Erkenntnisse über inhaltstoffliche Wirkungen von Wein und Speisen zum Tragen kommen. Mit der Methode, die hier vorgestellt wird, ist planbarer Genuss und reproduzierbarer Wohlgeschmack möglich ohne z. B. bestehende Traditionen angreifen zu wollen.

14.1 Wein zum Essen? Essen zum Wein?

Meistens wird der Wein zum Essen ausgesucht. Der Wein hat traditionell die Aufgabe, die Speise in Szene zu setzen, d. h. die Inhaltsstoffe und die Aromen des Essens so zu präsentieren, dass sie möglichst viel „Wohlgeschmack" oder Harmonie verursachen. Der Wein selbst soll dezent im Hintergrund bleiben. Die Speise steht traditionell im Vordergrund. Warum das so sein muss, konnte allerdings bis jetzt noch niemand schlüssig beantworten.

Um dem Ziel des Genusses näher zu kommen, sollten alle Kombinationen von Speisen und Wein erlaubt sein. Wer lieber einen St. Emilion zu seinem Coq au vin trinkt als einen Brouilly oder Chénas, der sollte dies tun. Man kann niemandem sein eigenes Genussverhalten verbieten oder vorschreiben.

Traditionen. Die klassischen Wein- und Speisenempfehlungen basieren auf viel Erfahrung und Ausprobieren. Regionale Küche und regionale Traditionen prägen Vorlieben und Gewohnheiten. Weine und Speisen aus einer Region werden miteinander angeboten, weil es nahe liegt, ursprüngliches und regionales miteinander zu verbinden. So entstanden „landestypische“ Wein- und Speisenkombinationen.

Beim genauen Hinschauen unter sensorischen Gesichtspunkten gäbe es aber selbst zu regional verwurzelten Kombinationen zu Wein und Speisen eine oft „passendere“ Alternative.

Regionalität. In der provenzalischen Küche werden z. B. die typischen, regionalen Produkte und Gewürze benutzt. Die Gewürzmischung “Kräuter der Provence” verleiht dem Hühnchen oder dem Lammkotelett seinen typischen Duft. Die gut bürgerliche Küche in der Provence ist nun mal provenzalisch (dies kann man natürlich auf alle Regionen der Erde übertragen). Der Gast weiß, was ihn erwartet!

Jahreszeitliche Abhängigkeiten. Die regionale Küche lebt von den jahreszeitlichen Variationen. Die Fülle der Jahreszeitenrezepte entspringt aus den regionalen Küchen. Die Kulinaristik in Äquatornähe, wo es keine Jahreszeiten gibt, zeigt daher vollkommen andere Züge.

Restaurantstile sind vom jeweiligen Küchenchef geprägt. Ist eine Küche „bekannt“, erwartet der Gast dessen Küche und auch seine Kombinationen von Essen und Wein. Ein entsprechender Sommelier wird auch versuchen, dem Gast den Stil des Hauses schmackhaft zu machen, d. h. die Weine nach Empfehlung bzw. Tradition des Hauses anzubieten. Solange ein Restaurant oder ein Koch sich einem bestimmten Stil verschrieben hat, weiß der Gast, auf was er sich einlässt. Die Erwartung ist klar definiert und wird beim Gang ins Restaurant mehr oder weniger erfüllt. Bei berühmten Köchen verschmelzen oft verschiedene Stile. So wurden z. B. die “Nouvelle Cuisine” von Bocuse oder die “Cuisine Vital” von Winkler geprägt. Je nach dem wie kreativ die Köche sind und wie „gut”, wird bei den Feinschmeckern die Individualität gelobt. Das Gemüse behält seine eigene Charakteristik. Das gemüseeigene Aroma, oft als “Eigengeschmack“ beschrieben, bleibt erhalten und wird nicht mit fertigen Gemüsebrühen oder Geschmacksverstärkern zum Einheitsgeschmack. Das Fleisch beziehen sie meist aus kleinen bäuerlichen Betrieben, wo auch die Herkunft und die Qualität (z. B. möglichst wenig Wassereinlagerung) vom Erzeuger garantiert wird. Der Preis ist gehoben, ebenso auch das Genusserlebnis. Es ist zu beobachten, dass solche regional orientierten Köche vermehrt ökologische Produkte verwenden, die eine individuelle Kreativität zulassen.

Bei diesen Essenstraditionen, ob alt oder neu, steht die Speise im Mittelpunkt. Der Wein hat lediglich die Aufgabe, die Speise noch besser in Szene zu setzen, d. h. die Aromen des Gemüses, des Fleisches, der typischen Gewürze etc. zu untermalen.

14.2 Die Aufgabe des Weines

Der Berufsstand des Sommeliers sollte die Kunst beherrschen, den Stil eines Hauses mit entsprechenden Weinen zu unterstreichen. Er empfiehlt nach Art des Hauses: “Zum Zander gibt es bei uns immer den Chardonnay aus dem Maconnais”. Die wenigsten Gäste würden wagen, ihm zu widersprechen.

Versucht der Sommelier, die Gewohnheiten und Präferenzen des Gastes zu erfahren, so geht dies nicht ohne Systematik. Da er in der Regel keine Fachdiskussion mit dem Gast beginnen wird, ob nun der Sauvignon blanc aus dem Entre deux Mers oder von der Loire oder aber der Riesling aus der Pfalz die bestellte Speise besser begleitet, fragt er “ was mögen Sie denn”?

Spätestens in dieser Situation treten wieder die sprachlichen Schwierigkeiten zu Tage, wenn über Vorlieben beim Geschmack gesprochen werden soll. Meist wird die Beratung abgebrochen und mit einer Empfehlung seitens des Sommeliers beendet, denn dafür ist er ja da. Ziel des Sommeliers wird es sein, eine auf den Gast abgestimmte Speise- und Weinkombination zu wählen, die dem Gast einen möglichst harmonischen Wohlgeschmack beschert.

„Wohlgeschmack", was ist das?

Um diese Frage zu beantworten, sind zwei Betrachtungsweisen zu beachten. Wohlgeschmack bedeutet: „wenn's gut schmeckt". Vollkommen subjektiv geurteilt bezeichnet Wohlgeschmack eine statistische, soziokulturelle Größe, die besagt, dass Menschen einer Bevölkerung gewisse Präferenzen (Vorlieben) oder Aversionen (Abneigungen) gegenüber einem Nahrungsmittel oder einer Nahrungsmittelkombination entwickeln.

Verschiedene Volksgruppen wie Inder, Südamerikaner oder Mitteleuropäer werten den Begriff Wohlgeschmack oft völlig unterschiedlich. Ein Bewohner Indiens wird beispielsweise die „Schärfe" einer Speise in wesentlich höherer Konzentration als angenehm empfinden als dies ein Bewohner Mitteleuropas tun würde. Ebenso wäre es bei der Wertung des salzigen Geschmackes usw.

Auch unter Berücksichtigung dieser kulturellen Faktoren lässt sich die Food-Pairing-Methode der Wein- und Essenskombination weltweit gleich anwenden.

Unterstützt durch die vier Grundgeschmacksqualitäten unserer Zunge wird „Wohlgeschmack" als „angenehmes Gefühl" oder besser gesagt, als eine „ganzheitliche Empfindung im Mund während oder nach dem Genuss einer Speise oder einem Kombinationsgenuss aus Speise und Wein" definiert.

Geschmacksverstärker wie Natrium-Glutamat und andere Speisenzusatzstoffe (einige Fette und Aromen) unterstützen assoziativ diesen Effekt. Glutamat verursacht dieses Erlebnis im Mund, ohne dabei einen eigenen Beitrag in Form von Aromen oder anderen Inhaltsstoffen zu leisten.

In industriellen Food-Produkten sind Geschmacksverstärker mit Aromakombinationen leider zuhauf vertreten. Ein eigener Rezeptor im Mund erkennt die Glutaminatsäure als „eiweißhaltige" Speise und suggeriert so die Beurteilung von hochwertig und gut.

Übertrieben zugesetzt entsteht das s.g. Chinasyndrom als hypersensible Reaktion auf diese Aminosäure. Beobachtet werden Reaktionen wie Flashs (rote Flecken im Gesicht und am Rumpf), Hypertonie, Herzrasen, u.v.a. „Chinasyndrom" deswegen, weil in chinesischen Restaurants schon seit langer Zeit besonders viele dieser Stoffe zum Einsatz kommen. Mittlerweile ist der Einsatz aber in allen nationalen und internationalen Küchen zu beobachten. Im Mund entsteht ein „auskleidendes Gefühl", das viele Menschen als angenehm definieren. Es wird auch mit „auskleistern" und „Brandigkeit" benannt. Ein guter Grund, solche Zusätze einfach wegzulassen. Es geht auch anders!

14.3 Die Kombination von Essen und Wein

Das Aussuchen des Weines zu einer Speise stellt eine denkbar ungünstige Situation für den Wein dar. Ziel ist es, den Wohlgeschmack derjenigen zu treffen, die die Wein- und Speisenkombination essen sollen.

Welche Inhaltsstoffe im Wein verursachen also mit welchen Inhaltsstoffen der Speise Wohlgeschmack?

Beim **Food Pairing** wird inhaltsstofflich gearbeitet. Gefragt wird nach primären Wirkungen verschiedener Inhaltsstoffkombinationen. Welche Reize lösen welche Reaktionen in Nase und Mund aus?

Die Assoziationen zu den Inhaltsstoffen spielen zwar eine wichtige Rolle, werden aber erst in zweiter Linie in die Kombinationen mit eingebunden. Jeder Wein muss individuell analysiert und bekocht werden, um zu einem zielgerichteten Ergebnis zu gelangen. Zugegeben, das hört sich schwierig an, ist aber in der Praxis sehr leicht, und mit etwas Übung auch gut umzusetzen.

Es müssen immer die variablen Anteile einer Kombination die weniger variabeln Anteile ergänzen. Logischerweise wird also „um den Wein herum“ gekocht. Der Wein selbst kann ja nicht verändert werden, sondern nur die inhaltsstoffliche Situation der Speise. Ein erster Schritt ist der inhaltsstoffliche Vergleich der zu kombinierenden Wein und Essenspartner.

Die Abbildung zeigt eine generelle Gegenüberstellung. Diese gilt für alle Weine und Speisen. Die Pfeile signalisieren die „gefährlichen“ Anteile, die gleich zu Anfang beachtet werden sollten. Gerbstoffe mit rohen Eiweißen und die Säureanteile zählen zu den Kickvariabeln, die rot geschriebenen Inhaltsstoffe

Abb. 15. Weininhaltsstoffe – Speiseninhaltsstoffe.

fungieren als Harmoniejoker. Durch ihre vermehrte Zugabe auf der Seite der Speisen oder Vorhandensein auf der Seite des Weines harmonisieren sie.

Bei dieser Gegenüberstellung geht es um eine sensoanalytische Vorgehensweise, die die Inhaltsstoffe zunächst quantifiziert soll. Auf der Wein- wie auch auf der Speisenseite wird zunächst festgestellt, wie viele der Inhaltsstoffe zum Tragen kommen. Also ganz banal: Die Stoffe werden in „viel“ und „wenig“ aufgeteilt. Bei der quantitativen und bei der Änderung der unterschiedlichen Arten der Inhaltsstoffe verändert sich immer die Gesamtkomposition, da Speisen immer als Einheit gegessen werden und nicht nacheinander in Inhaltsstoffe aufgeteilt. Um eine Kombination aber zielgerichtet oder planerisch verändern zu können, müssen die unterschiedlichen Inhaltsstoffgruppen und die Kombinationen daraus erkannt werden.

Inhaltsstoffe und deren Kombinationen sensorisch genau betrachtet

Alkohol (Ethanol). Ethanol ist eine nicht riech- und schmeckbare Flüssigkeit, bei zunehmender Temperatur mit hoher Tendenz zur Flüchtigkeit. Im Mund hinterlässt der Alkohol einen wärmenden Effekt, da er gefäßerweiternd (vasodilitant) wirkt und so mehr Blut in die Schleimhaut fließen kann. Er wird in unterschiedlicher Konzentration als brandig wahrgenommen. Beim Genuss von Spirituosen wird dieser wärmende Effekt stark empfunden. Hier ist das wärmende Gefühl auch gewollt.

Beim Wein hat er vor allem die Aufgabe, Aromen zu transportieren und zu einem voluminösen Mundgefühl beizutragen. Eine brandige Wirkung, wie beim Schnaps gewollt, wird beim Wein negativ beurteilt. Die haptischen Effekte der Alkoholwirkung sind durch verschiedene andere Wein- und Speiseninhaltsstoffe sensorisch gepuffert. Die beeindruckendste Pufferung geschieht über Salz und Säure. Ein hoher Gehalt von Salzen (beim Wein Mineralstoffen) und Säuren lässt die alkoholische Wirkung in den Hintergrund treten. Das Mundgefühl bekommt eine „dichte" Variante durch die Salz- Säurekombination und eine „volumenreiche" Variante durch die alkoholische Wirkung. Durch süßliche Komponenten wird das Volumenempfinden deutlich erhöht.

Süße. Die Süße besteht – wie alle anderen Inhaltsstoffgruppen auch – aus mehreren unterschiedlichen Arten von Süße. Die Saccharose (Disaccharid) ist die Zuckerart, die als „weißer Haushaltszucker" am meisten zum Einsatz kommt. Sie stellt quasi die Norm des süßen Schmeckens dar und wird mit der Süßkraft 1 definiert (in der Sensorik spricht man von einer nicht kalibrierten, dimensionslosen Größe, die die relative Süßkraft eines Stoffes angibt). Vergleicht man die Süßkraft gleicher Mengen unterschiedlicher Zuckerarten miteinander, wäre die Süßkraft der Saccharose die Norm.

Ebenfalls bekannt sind Fruktose (Fruchtzucker) mit einer fast doppelten Süßkraft wie Saccharose, Glukose (Traubenzucker), sowie Laktose (Milchzucker) und Maltose (Malzzucker). In der Traube kommen die Anteile der Fruktose und der Glukose zu je gleichen Teilen vor. Bei der Gärung wird von der Hefe zuerst der Anteil der Glukose zu Alkohol vergoren, dann der Anteil der Fruktose. Gärt ein Wein nicht ganz durch, bleibt ein „natürlicher" Anteil der Fruktose zurück. Die Charakteristik der Fruktose wird als dynamisch, leicht kühlend und etwas „härter" beschrieben als die der Glukose. Die Attraktion der Fruktose wird allgemein höher bewertet. Gründe dafür finden sich z. B. in der Süße.

Die Säurekombination aus Weinsäure und Fruktose, landläufig als Brausepulver bekannt, kennt jeder. Die Glukose wirkt etwas staubig und klebrig. Da die Süßkraft der Glukose unter der der Fruktose liegt, wird sie im Vergleich oft schlechter bewertet. Der uneingeschränkte Favorit in der Bewertung der „angenehmen Süßen" ist die Saccharose, weil sie am bekanntesten ist.

Fette. Das Mundgefühl, das Fette auf der Mundschleimhaut auslösen, wird als cremig und weich beschrieben. Fette wirken, ähnlich wie Alkohol, aromaverstärkend. Ein fettreiches Essen schmeckt „besser", weil mehr Aromen frei werden und eine Wein- und Speisenkombination so intensiver wird. Da es sehr unterschiedliche Fette gibt, gibt es auch sehr vielfältige Effekte an der Mundschleimhaut. Öle und ungesättigte Fettsäuren verursachen ein sehr cremiges, aber kein klebriges oder zähes Mundgefühl. Tierische Fette bleiben länger an der Schleimhaut haften und sind für ein klebrigeres Mundgefühl verantwortlich. Je mehr gesättigte Fettsäuren im Spiel sind, desto „schwerer" und intensiver wird ein Essen empfunden. Neben den haptischen Effekten wird z. Zt. nach einem Fettrezeptor geforscht, mit dem, wenn er denn gefunden ist, Fett auch schmeckbar wäre.

Fette mit Alkoholen. Diese Kombination wird von sehr vielen Menschen als harmonisch empfunden. Die Kombination aus Fetten und Alkoholen stellt für die meisten Menschen, neben Säure/Süße und Salz/Säure, die attraktivste Kombination dar. Fette und Alkohole verstärken eine Wein-Essens-Kombination auf der Aromenseite ebenso wie die der Seite der schmeck- und fühlbaren Inhaltsstoffe. Hohe Anteile von Fetten und Alkoholen in einer Kombination wirken für die meisten Menschen harmonisierend. Fette und Alkohole, hier ist vor allem auch das Glycerin zu nennen, sind hier als „Harmoniejoker" definiert. Durch den Zusatz beim Kochen der Speisen oder dem Vorhandensein auf der Weinseite, wird eine Kombination immer harmonisch, aber vielleicht auch als langweilig oder unspektakulär empfunden. Alkohole und Fette sind nicht die Anteile, die ein Essen im Sinne der Aromavielfalt interessant gestalten, sondern sie verleihen ein rundes, cremiges Mundgefühl und unterstützen die Wuchtigkeit einer Speisen- und Weinkombination.

Säure. Säure schmeckt sauer, keine Frage. Nun stellt sich beim sauren Schmecken nicht nur die Frage, wie intensiv sauer eine Säure schmeckt, sondern auch die „Nebenwirkungen" der Säure sind bei der Wein-/Essen-Kombination von erheblicher Bedeutung. Achtet man auf seine Mundreaktionen, so wird auffallen, dass es unabhängig von der Konzentration der Säure zu deutlichem Speichelfluss kommt, schon alleine beim Lesen oder Hören des Wortes „sauer" (wie bei Ihnen jetzt?). Einige Säurearten reagieren mehr im vorderen Mundbereich, einige mehr im hinteren Mundbereich, einige verursachen eine deutliche Irritation oder sogar Adstringenz.

Bei der Essenszubereitung sind es z. B. Essig und seine Variationen (den wieder aktuellen „Verjus" nicht vergessen!), Zitrone und andere Zitrusfrüchte oder sauer schmeckendes Obst zu nennen, die als Säure zum Einsatz kommen.

Bei der Essenskombination achten Sie bitte auf den gesamten Säurewert, der durch den Wein und durch die Speise in den Mund gelangt. Wobei die oft gelesene Aussage „Säure und Säure addieren sich" sensorisch so nicht stimmt.

Säure und Säure-sensorische Pufferungen von Säuren. Bringen Sie in einer Kombination zwei unterschiedlich stark sauer schmeckende Säuren zusammen, wird es zu einer sensorischen Angleichung kommen. D. h., in der Kombination wird die weniger stark sauer schmeckende Säure die stärker sauer schmeckende Säure puffern, weil es quasi zu einer „Verdünnung" kommt. Je nach Säureintensität ist der Neutralisationseffekt mal stärker und mal weniger stark ausgeprägt. Schmecken beide Säuren gleich sauer, z. B. im Salat und im Wein (Zitronensäure in der Salatsauce und Äpfelsäure im Riesling sind in ihrer sensorischen Intensität vergleichbar), wird die Säure nicht intensiver. Es ist nur quantitativ mehr Säure vorhanden. Um diese Säure zu puffern, braucht man dann natürlich auch mengenmäßig mehr Pufferungselemente. Da die Sinnesreize beim Menschen logarithmisch verlaufen, wird der effektive Geschmack nicht linear zur weniger sauer schmeckenden Säure sein, sondern deutlich geringer ausfallen. Andersherum ist eine stärker schmeckende Säure dann auch logarithmisch gesehen saurer, als der zu erwartende lineare Schmeckeffekt.

So ließe sich eine Salatsauce, die zu sauer geraten ist,

- durch Verdünnung weniger sauer bereiten, z. B. durch Wasser, Sahne oder Joghurt ...
- oder durch den Zusatz einer weniger sauer schmeckenden Säure, die quasi als Pufferung wirken würde (Zuckerzusatz würde keine Pufferung bedeuten sondern eine Überlagerung).

Säure und Süße. Die Kombination aus Säuren und Zucker wird bei sehr vielen Menschen als sehr angenehm empfunden. Große Unterschiede bestehen jedoch in den verschiedenen Arten der Zucker/Säuren-Kombinationen. Die Unterschiede werden bewusst aber nur im direkten Vergleich deutlich. Die Reproduktion einer zeitlich versetzten Verkostung verringert sich, je länger die Verkostungen auseinander liegen. Am Ende bleibt nur das „süß-saure" Schmecken.

Die Kombination Fruktose und Weinsäure wird im Vergleich zur Kombination aus Äpfelsäure und Glukose als sehr dynamisch und abwechslungsreich empfunden. Da die Weinsäure im Verhältnis zur Äpfelsäure von der Mehrzahl der Probanden als die „fülligere“ beschrieben wird, die sehr spitz und hart empfunden wird, und die Weinsäure schwerpunktmäßig eher im hinteren Teil des Mundes Irritationen auslöst, ist diese Art Säure prädestiniert für einen lange anhaltenden „Sauergeschmack“. In Kombination mit der Fruktose, die deutlich süßer schmeckt als die Glukose, stehen zwei intensiv schmeckende Gegensätze gegeneinander. Könnte man die Stärke des süßen Schmeckens der Fruktose mit der Stärke des sauren Schmeckens der Weinsäure bei gleichen Mengenverhältnissen vergleichen, käme ein relatives ausgegliche nes Verhältnis zustande. Möglicherweise wird genau diese ausgeglichene Intensität ausschlaggebend dafür sein, dass diese Kombination ehr als Süße-Säure-Spiel empfunden wird und nicht als süß-saurer Effekt. Der parallele Effekt entsteht bei der Kombination Glukose und Äpfelsäure.

Salz und Säure (Tequilaeffekt). Vollkommen anders verhält es sich, wenn Salz und Säure im Mund zusammen kommen. Man würde vermuten, dass das Salz salzig bleibt und die Säure sauer. Es kommt aber hier zu einem sensorischen Neutralisationseffekt. Wie beim Genuss von Tequila, bei dem vorher Salz und Zitrone geleckt werden und der Tequila hinterher nicht brandig wirkt, so lässt sich mit Säure und Salz in der Wein- Speisen-Kombination eine „neutrale Intensivierung“ des Mundgefühls erzielen. Anders ausgedrückt: Mit Zusatz von Salz und Säure lässt sich jedes Essen harmonisieren.

Säure im Wein. Da im Wein verschiedene Säuren mit entsprechenden Wirkungsweisen im Mund vorhanden sind, wird dies auch Auswirkungen auf die Essenskombination haben. Die Weinsäure wird als die harmonischere der beiden Säuren empfunden, die Äpfelsäure als die aggressivere oder auch charaktervollere. Entsprechend lassen sich Weine mit mehr Äpfelsäure als Kickvarianten einsetzen, jene mit mehr Weinsäure im Feinschliff als Harmonie. Die Wirkungsweise mit Eiweiß (Denaturierung) ist bei beiden Säuren vergleichbar und sensorisch nicht signifikant zu unterscheiden.

Eiweiß und Säure. Eiweiß ist eine sehr große Stoffgruppe und ist ebenso verschiedenartig in unserem Essen vorhanden. Je mehr rohes Eiweiß vorhanden ist, desto mehr wird die vorhandene Säure das Eiweiß im Mund denaturieren. Diesen „Gerinnungsprozess“, wenn er im Mund geschieht, empfinden die meisten Menschen als unangenehm.

Hier ist die quantitative Verfügbarkeit der Säuren und die der Eiweiße gegenüberzustellen: Ein Tropfen Zitronensäure auf einen Liter Sahne wird nur wenige Auswirkungen in der Gesamtkombination zeigen.

Spannend wird die Kombination dann, wenn es zum „Ausgleich“ kommt, wenn die Reaktionspotentiale auf beiden Seiten ausgeglichen werden. Dieser Prozess des gegenseitigen Ausgleichens wird dynamisch als „lange anhaltender“ Geschmack empfunden.

Phenole (Gerbstoffe) und Eiweiß. Ähnlich wie Säure wirkt auch Gerbstoff auf die Struktur des Eiweißes. Auch hier gilt: Je mehr Eiweiß vorhanden ist, desto mehr muss auf den Gerbstoffgehalt im Wein geachtet werden.

Dies gilt vor allem für die oft vorkommende Kombination von rotem Fleisch und gerbstoffhaltigem Rotwein. Viele Menschen (überwiegend Männer) mögen diese Art, weil beim Denaturierungsvorgang oder beim Abbau von Eiweiß viel Glutaminsäure frei wird. Dieser sogenannte Umami-Effekt relativiert den „unangenehmen, leicht metallisch wirkenden" (über oxidierte Fettsäuren) Gerinnungseffekt im Mund.

Auch hier entsteht, wie bei der Säurewirkung aus dem vorhandenen Eiweiß, ein dynamischer Prozess, der anders als bei der Denaturierung über die Säure, den Mund mehr im hinteren Bereich auskleidet (Adstringenzverhalten über den Vagusnerv).

Denaturierungsmöglichkeiten von Eiweiß:

- Garen durch Temperatur (Kochen, Braten, Grillen, Schmoren, Sautieren).
- Garen durch Säureeinwirkung (Marinieren).
- Garen durch Wasserentzug (Pökeln).
- Garen durch Gerbstoffe (Gerben).

Zusammenspiel Eiweißdenaturierung durch Säuren und Phenole (Gerbstoffe). Kommen nun beide Arten der Eiweißgerinnung zusammen, wird vor allem das Mundgefühl intensiviert. Beide Hauptbereiche, der vordere Mundbereich und der hintere Mundbereich, werden durchzogen.

Salz/Mineralstoffe. Dass Salz salzig schmeckt, wagt niemand zu bezweifeln.Verschiedene Salze haben jedoch nicht nur unterschiedliche salzige Intensitäten sondern neben dem salzigen Schmecken wird auch die Mundschleimhaut unterschiedlich ionisiert. Das spüren wir als Mundgefühl leicht pelzig oder bezeichnen es als Seidigkeit.

Sehr wichtig ist hier die vorhandene Feuchtigkeit oder das Lösemittelpotential der Speise. Je feuchter eine Speise ist, desto mehr werden die salzigen Einheiten schmeck- und fühlbar sein. Natürlich darf es hierbei nicht zu einem Verdünnungseffekt kommen, der gerade den attraktiven Mineralisierungseffekt minimieren würde. Sehr salzige Speisen werden in der Regel mit Wasser verdünnt, damit sie genießbar werden. Genießbar heißt hier, dass das Wirkungspotential des vorhandenen Salzes verringert wird. Mit einem säurehaltigen Wein lässt sich aber auch eine versalzene Suppe gut neutralisieren. Woher Salze und Säuren letztlich stammen, ist egal.

Praxistest:
Probieren Sie einmal eine Lösung mit 5g/l Wasser Fleur de Sel (Meersalz) und mit 5g Kochsalz. Sollte der Effekt nicht gleich erkennbar sein, erhöhen Sie auf 8 oder 9 g/l. Sie werden den Unterschied merken.

Salzadaption. Die Wirkung des Salzes steht in signifikanter Abhängigkeit mit der Schnelligkeit, wie wir essen und wie häufig sehr salzig gegessen wird. Da „salziges" Schmecken in seiner Intensität subjektiv empfunden wird, lässt sich diese Aussage nicht allgemeingültig ausdrücken, weil es keine messbare Einheit und damit keine Kalibration für salziges Schmecken gibt. Je kürzer die Einwirkungszeit unserer Speise auf die Mundschleimhaut und auf die Zunge ist, desto höher wird der Bedarf an frei verfügbaren Salzen sein, um die salzigen Effekte zu erleben. Bei langsamen Essen (Slow Food) sinkt der schmeckbare Bedarf an Salz in unserer Speise.

Mineralstoffe im Wein. Die Mineralstoffe im Wein werden im Fachjargon Extrakte genannt. Je mineralischer ein Wein in Erscheinung tritt, desto geringer war die Erntemenge pro Stock und bepflanzte Fläche. Oft wird nur nach der Erntemenge/ha gefragt, die Bestockungsdichte jedoch unterschlagen. Aber erst die Kombination aus kg/Trauben/ha und die Angabe der Stockdichte lässt eine vergleichende Aussage zur Extraktkonzentration in der Traube zu.

Je mehr bodenspezifische Mineralien in der Traube konzentriert sind, desto deutlicher wird der Mineralisierungseffekt des Weines im Mund sein. Je mehr Salze im Wein gelöst sind, desto größer wird auch das Pufferungspotential eines Weines zur Säure sein, sei es zur eigenen (das macht die Dichte des Weines aus) oder zur Säure in der Speisenkombination. Ein extraktreicher Wein wird sehr viel harmonischer zu einem sauren Essen empfunden als ein extraktarmer Wein. Hier ist auch wieder die saure Salatsauce ein gutes Beispiel, diesen Effekt zu demonstrieren.

> Trinken Sie einen Riesling mit viel Extrakt (mind. 24g/l) und einen extraktarmen. Vergleichen Sie die „Harmonisierung".

Natürlich dürfen Zuckerstoffe, Fette und Alkohole in ihrem Harmonisierungspotential nicht außer Acht gelassen werden.

Präferenzen der vier Geschmacksqualitäten und deren Kombinationen

Auf die Frage: „wie ist die Hierarchie der Vorlieben der Geschmacksqualitäten süß, sauer, salzig und bitter?", antworten

- über 80 % mit „süß",
- 65 % mit „salzig",
- ca. 35 % mit „sauer",
- 3 % mit „bitter".

Diese Aussagen wurden in über 15 Jahren Seminar- und Tastingarbeit vielfach bestätigt. In der Kombination sind es:

- Süße und Alkohol,
- Salz und Fett,
- Säure und Süße,
- Säure und Salz.

Bitter und süß. Die Kombination bitter und süß wird von vielen Menschen ab einer schwierig zu definierenden Menge als unangenehm empfunden. Die Beurteilung dieser Kombination ist am schwierigsten zu greifen. Alle anderen Beurteilungen lassen sich sogar auf Gewichtseinheiten (im Test g/l) reduzieren. Die Kombination süß und salzig wird mit Abstand am schlechtesten in Maßeinheiten reproduziert. Auch die hedonische Beurteilung fällt sehr unterschiedlich aus. Gründe hierfür sind die unterschiedlichen Adaptionen an Salz und die unterschiedlichen kulinarischen Gewohnheiten mit entsprechendem soziologischen Hintergrund. Dies ist sicher ein Grund, warum in den meisten Gaststätten die Möglichkeit des „Nachsalzens" gegeben wird.

14.4 Aromavergleich in Speise und Wein

Wichtig sind auch die verschiedenen Aromengruppen, die sich in Wein und Speisen finden. Sie tragen entscheidend zum Wiedererkennungseffekt einer Speise oder eines Weines bei. Sie können auf der Speisenseite durch verschiedene Garmethoden verstärkt oder minimiert werden. Wie bei einer Parfumkreation können Wein- und Speisenaromen einander ergänzen, harmonisch oder gegensätzlich wirken. Ob einem eine Kombination gefällt oder nicht, entscheidet jeder selbst.

Je näher die Aromagruppen bei der Speisen- und Wein-Kombination beieinander liegen, desto unspektakulärer oder „harmonischer" wird die Kombination empfunden. Je weiter sie auseinander liegen, desto mehr Pendant oder Herausforderung werden sie sein.

Harmonie oder Kick?

Bei der Kombination geht es darum, möglichst differenziert zu arbeiten: Es werden beispielsweise keine nahe beieinander liegenden Aromengruppen kombiniert, es sei denn, man möchte genau diesen Reiz verstärken.

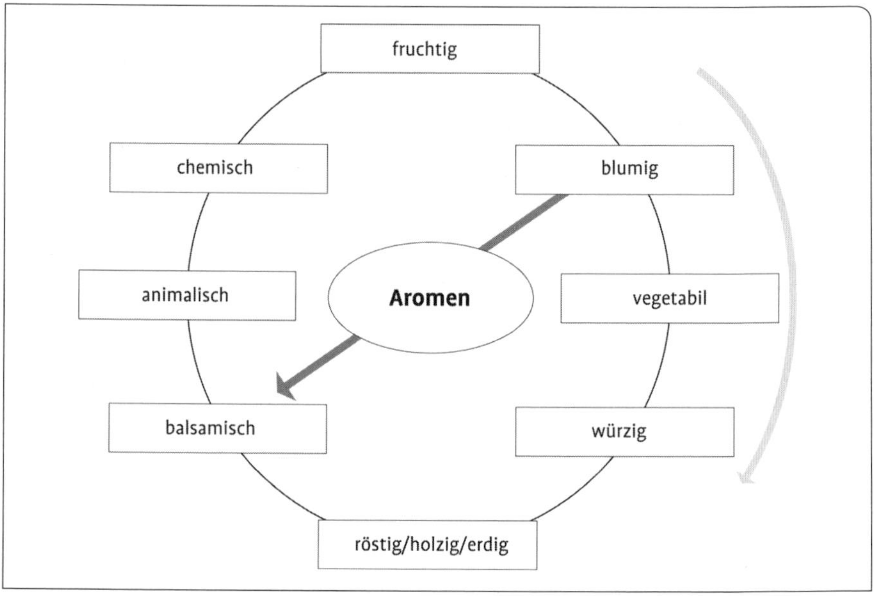

Abb. 16. Aromengruppen.

Die Erfahrung zeigt: wenn gut erkennbare, d.h. deutlich über der Schwelle riechbare Aromen vorhanden sind, kann eine Kombination besser beurteilt werden. Sind sehr viele unterschiedliche Aromen in mäßiger Konzentration vorhanden, entscheidet das Zusammenspiel, die Komposition der Aromen, über den Geschmackserfolg „Wohlgeschmack".

Beispiel: Ein Riesling mit seinen fruchtigen Noten muss nicht zwangsläufig zu jedem Obstsalat „passen", nur weil die Aromen parallel stehen. Die vegetabilen Aromen des Cabernet Sauvignon müssen nicht direkt zum Gemüse gestellt werden, um einen passenden Effekt zu erreichen, aber sie können! Und zwar immer unter gewissen Voraussetzungen, die nachfolgend als Faustregel formuliert werden.

Vorausgesetzt Sie möchten den harmonischen Wein- und Speiseweg gehen, sollten Sie folgende Kombinationen meiden:
- Säure im Wein mit Säure im Essen,
- mineralische und säurearme Weine mit salzigen Speisen, (Ausnahme: mineralische Weine zu sauren Speisen oder umgekehrt),
- trockene Weine mit wenig Süße im Essen, Säure und frisches Eiweiß,
- Tannine mit nicht gegartem Eiweiß (ein Grund, warum es keinen Rotwein zu Austern gibt).

Es stellt sich natürlich auch immer die Frage, wie viel von den Stoffen zum Wirken kommt. Wie bereits erwähnt:

Die rot gekennzeichneten Inhaltsstoffe bei der Übersicht (Abb. 15 Seite 74) können als **Joker** verwendet werden und werden immer einen „Harmonieeffekt" verursachen. Diese Stoffe haben zum Harmonisierungseffekt obendrein noch aromaverstärkende Wirkungen.

Möchten Sie die **Kickvariante** herausarbeiten, achten Sie auf folgende Variationen:

Wählen Sie entgegen gesetzte Aromagruppen, wie fruchtige Weine und würzige Speisen oder vegetabile Weinaromen mit balsamischen oder animalischen Speisenaromen. Salzige Speisen und saure Weine. Ungesättigte Fette statt gesättigte Fette (tierische Fette). Phenolische Weine (mit spürbarem Gerbstoff) und rohen Eiweißanteilen in der Speise.

Beispiel: Ein Grauburgunder ist geprägt von erdigen Aromen, Mandel und Nuss. Mit 6 g Fruktose ist er nicht ganz trocken, hat aber einen „durchgegorenen Charakter". Im Alkoholbereich liegt er bei 13 % Vol. Die Säure ist eher verhalten mit 5,5 g. Die zu beachtenden Anteile bei diesem Wein wären die Säure und die Aromen. Beide sind aber nicht sehr ausgeprägt. Alkohol und Süße wären die Jokeranteile, die viel in Richtung Harmonie leisten können. Auf der Essensseite könnte man hier mit einem pikanten Gegenüber arbeiten, sei es scharf oder mit einer erfrischenden Säure. Den wenig dominanten Weinaromen würde ein dominantes Leitaroma der Speise gut stehen, wenn Sie den Kick als Ziel verfolgen. Röstaromen und vegetabile Aromen könnten beispielsweise dieses Leitaroma ausmachen. Dann wird auch der Alkohol beim Wein seine Arbeit als Geschmacksträger leisten können. Um diesen zurückhaltenden Wein in Szene zu setzen, muss man möglichst parallel arbeiten, d. h. die Inhaltsstoffe des Weines nicht überdecken. Zu den Mandel- und Nussaromen bieten sich Mais, Kastanien, mehlige Kartoffeln, Kürbis, vielleicht sogar neutrale Rüben mit leicht vegetabilen und erdigen Aromen an. Den Kohlenhydratanteil sollte man ebenfalls zurückhaltend gestalten, damit sich der Alkohol des Weines darstellen kann. Mit etwas Zitronensaft lässt sich hier nachhelfen, um bei allem Parallelismus nicht langweilig zu wirken.

Praktische Umsetzung der analytischen Ergebnisse

Wie wäre es mit einer cremigen Kartoffelsuppe, gedünstetem Fisch im Gemüsesud oder mit der mineralischen Note eines Rote Beete-Salat mit einer kleinen Zwiebel und Balsamico?

Die Reihe der Beispiele lässt sich beliebig fortsetzen und immer wieder kommt man zu dem Ergebnis, dass es zwei Möglichkeiten gibt:

- Den „harmonischen" Weg, d. h. die Inhaltsstoffe der Speise werden ergänzend zu einem Wein kombiniert, oder es gibt ein „Gegenüber" (Pendant), es werden ganz bewusst gegensätzliche Reize gesetzt.
- Mit den Jokern (rote Anteile) kann man allzu heftige Pendants ausgleichen oder harmonisieren. Je mehr „spitze" Anteile, d. h. Säuren, Extrakte oder Tannine (Gerbstoffe) kombiniert werden, desto mehr wird der kulinarische „Kick" erzeugt.

Kombinieren Sie hingegen viele „runde" Anteile wie Alkohol, Fette und Süße bzw. Kohlenhydrate, wird mehr in Richtung Harmonie gearbeitet.

Viel Spaß beim Ausprobieren wünscht Ihnen

Martin Darting

Service

Literaturverzeichnis

ADAM, SCHUHMANN, JAKOB (1997): Weinkompendium. DKLR, Neustadt a.d. Weinstraße, Eigenverlag

AIS COLLANA (1996): Die Technik der Weinprobe. Ital. Sommelierverband

BARHAM P. (2001): Die letzten Geheimnisse der Kochkunst. Springer

BENCKHARD H. T. (1998): Rätsel der Kochkunst. Piper

BRILLAT-SAVARIN (1998): Physiologie des Geschmacks. Insel Taschenbuch

BROADBENT, M. (1995): Weine prüfen, kennen, genießen. Hallwag

CALCIN/JELLINEK (1994): Perfumery Practice and Principles , Wiley Interscience

HATT H., DEE, R. (2009): Das Maiglockchenphänomen – Alles über das Riechen und wie es unser Leben bestimmt. Piper

DITTRICH, H.H. (2005).: Mikrobiologie des Weines. Verlag Eugen Ulmer, Stuttgart

DÖRNER, K. u. U. PLOG (1984): Irren ist Menschlich. Psychiatrie Verlag

DUDEL, J., R. MENZEL, F. SCHMIDT (2005): Vom Molekül zur Kognition. Springer

G. V. PACZENSKY, A. DÜNNEBIER (1994): Kulturgeschichte des Essens und Trinkens. Orbis

GIEBEL, K. (2001 5. Auflage): Weine degustieren. Hallwag

H. LOTT, F.PFAFF, (2003): Taschenbuch der Rebsorten. Fraund Verlag

MAI, JÜRGEN K., B. MALLEBREIN (2007): SENSI DI VINI – Die Weinprobe findet im Kopf statt. Raetia-Verlag, Bozen

MEIDINGER, F. D. BLANKENHORN, E. FUNK (2001): Der Winzer 2 – Kellerwirtschaft. Verlag Eugen Ulmer, Stuttgart

MÜLLER,E., H.P. LIPPS, O. WALG (2008): Der Winzer 1 – Weinbau. Verlag Eugen Ulmer, Stuttgart.

RAJENDRAN, N. (2002): Kulinarische Biologie und Chemie. Knecht Verlag

REICHERT, H. (2000):Neurobiologie. Thieme

ROBINSON, J. (2006): Das Oxford Weinlexikon. Hallwag

ROOT, W. (1996): Wachtel, Trüffel, Schokolade. Btb-Verlag

ROTH, G. (2002): Das Gehirn und seine Wirklichkeit – Kognitive Neurobiologie und ihre philosophischen Konsequenzen. Suhrkamp

SCHARFENBERG, H. (1993): Sekt. Hallwag

SCHNEIDER OENOLOGIE http://www.schneider-oenologie.de/dnn//Publikationen/Sensorik/tabid/65/Default.aspx

STEIDL, R. (2001): Barriqueausbau. Verlag Eugen Ulmer, Stuttgart

STEIDL, R., W. RENNER (2001): Moderne Rotweinbereitung. Verlag Eugen Ulmer, Stuttgart

STOCKING, J. (1995): Wahrnehmen was ist. VAK-Verlag

TROOST , G. (1988): Technologie des Weines Verlag Eugen Ulmer, Stuttgart

Sachregister